I0833083

L'HOMME

DE LA NUIT.

Imprimerie de Pommeret et Guénot, rue Mignon, 2.

L'HOMME
DE LA NUIT

OU

LES MYSTÈRES.

ROMAN ENTIÈREMENT INÉDIT

Du Baron DE LAMOTHE-LANGON,

Auteur de Bonaparte et le Doge, des Deux Familles, de la Cloche du Trépassé, de Monsieur et Madame de Cagliostro, de Mademoiselle de Rohan, de l'Auditeur au Conseil d'Etat, d'un Fils de l'Empereur, du Diable, de Mon Général sa Femme et Moi, de la Femme du Banquier, etc.

II

PARIS

CH. SCHWARTZ ET AL. GAGNOT,

QUAI DES AUGUSTINS, 9.

1842.

TROISIÈME PARTIE.

I

A l'aspect inattendu de Regis Noran qui se présentait d'une manière si bizarre, et qui surtout apparaissait dans un lieu dont il avait dit ne vouloir jamais approcher ; les deux amis ne purent retenir leur surprise, et un cri, étouffé néanmoins par la prudence, leur échappa ; mais lui, par un geste rapide, leur imposa silence et se hâta de tourner le grand paravent de laque rouge, se rapprocha de la cheminée, là il fit signe à Clare de refermer le panneau et d'aller se mettre en sentinelle près de la porte extérieure. Les deux amis l'avaient suivi, annonçant dans toute leur personne combien ils étaient impatients de connaître la cause de la visite mystérieuse qu'on leur faisait.

— Vous ne m'attendiez pas, messieurs, dit Regis en souriant, j'avoue que si je n'avais le désir de vous obliger, je ne me serais pas exposé à mettre le pied dans un château où tout m'est suspect et où je pourrais courir quelque danger si l'on m'y surprenait maintenant.

— Pourquoi courir, monsieur, un péril quelconque, repartit le marquis, je vois bien que vous n'êtes ici qu'à notre intention, ne pouviez-vous nous écrire?

— Non, messieurs, car une lettre peut être lue, les gens habiles ont tant de moyens de s'en emparer, ne fût-ce que momentanément, j'ai préféré vous parler, et je dois vous apprendre...

Un bruit attira l'attention du groupe, il se retourna en masse et entendit Clare s'informer pourquoi l'on venait frapper ainsi.

—C'est moi, répondit une voix, moi le comte de Roquecourbe.

A ce nom, Regis franchit la distance qui le séparait du passage, y entra vivement et le referma de même, laissant les deux amis très fâchés de ce qu'il n'avait pu compléter sa révélation. Cependant, d'un accord commun et tacite, ils se dirigèrent vers la porte principale, aussitôt que, d'un autre côté, le panneau eût été refermé. Le comte entra, surpris et méfiant.

— Ah! messieurs, dit-il, vous vous barricadez ainsi.

— C'est une habitude, repartit Roquevel, que nous avons contractée dans nos lointains voyages. La prudence d'une part, l'indiscrétion de l'autre... Oui, c'est un usage dont nous nous sommes bien trouvés...

— Et dont nous ne nous départirons pas, ajouta froidement le marquis, afin de ne pas en perdre la bonne habitude... Mais laissons cet incident, et occupons-nous du motif qui vous amène.

— Il va vous étonner, répondit le comte, et moi-même j'avoue que d'abord... mais que ne peut-on acorder à la religion, lorsqu'elle vient commander à son tour. Sir Olivier, depuis que sa chute l'oblige à demeurer chez lui, a reçu chaque jour la visite d'un prêtre espagnol, parti ce matin; qui, avant de le quitter, l'ayant réconcilié avec l'Église romaine, lui a fait jurer de sacrifier sa vengeance au repos de son âme et, par conséquent, de se rapatrier avec vous, messieurs.

— Avec nous! s'écrièrent les auditeurs stupéfaits.

— Oui, avec vous, et ce qu'il y a de mieux, c'est que le baronnet m'a caché ceci jusques à tout à l'heure où, à mon grandissime étonnement, il vient de me confier la promesse faite, et sa ferme résolution de l'effectuer. Oui, mon cher cousin, il prétend à l'instant même, avant de souper, se réconcilier avec vous.

— En vérité... nous sommes sensibles... je ne présumais pas... nous souhaitons beaucoup......

Ces phrases incohérentes furent d'abord les réponses premières que Damatien avec Alfred firent à leur Amphitryon ; à tel point ils se montrèrent émus de ce qu'on leur apprena toutefois, avant que de rien accorder, ils auraient voulu savoir ce que leur ex-guide, avait à leur dire avec tant d'empressement ; aussi Roquevel prenant l'initiative, et parlant au nom de Damatien également, dit au comte :

« Qu'ils étaient l'un et l'autre charmés de la

parole d'oubli qu'il voulait leur transmettre; que, bien loin de se refuser à un rapprochement toujours souhaité, ils seraient les premiers à passer dans la chambre de sir Olivier; mais qu'ils arrivaient à peine, ils étaient à demi déshabillés et point en position convenable pour recevoir un Anglais, homme de qualité, et auquel ils savaient tout ce qu'ils devaient; qu'en conséquence, ils préféraient remettre au lendemain matin la conclusion avantageuse de ce traité de paix. »

Pendant qu'il parlait, et que Damatien l'approuvait en inclinant sa tête, le comte le regardait d'un air moitié courroucé, moitié incertain, touchant la façon dont il devait prendre cette défaite. Lorsqu'Albert eut annoncé son *conclusum*: lui, d'une voix âpre et stridente à la fois, repartit :

— J'entends, messieurs, on vous offre la paix et il vous faut la guerre; vous tuez un malheureux étranger, son frère abjure le courroux bien légitime d'une telle offense, il renonce à vouloir du sang pour du sang; et vous, loin d'accepter la magnanimité d'un tel acte, prétendez poursuivre les hostilités, et faire de ma demeure deux camps ennemis; cela n'est pas bien, je le dis franchement. Que vous coûte de faire bon visage à sir Olivier? Il ne prétend pas devenir votre ami intime; de la bienveillance en parole, des formes polies, voilà tout ce qu'il souhaite, il immole sa haine à sa nouvelle croyance; imitez-le, tout ira bien... Mais, Satan me le pardonne, le voici lui-même... oserez-vous, tout ensemble, lui fermer votre porte et vos bras.

En effet, un bruit de pas, lents et lourds se faisait entendre dans la salle voisine, c'était comme une marche solennelle, ou comme si celui qui venait, avançait perdu dans ses réflexions. Les deux amis ressentirent au fond de leur cœur un mouvement secret d'inquiétude, de mécontentement et d'aversion; ils ne pouvaient se rendre compte de ce qui se passait en eux, toutefois, et dans cette occurrence, redoutant d'offenser le maître du château et d'indisposer contre eux les autres habitants, qui sans doute se formaliseraient de leur répulsion inconvenante. Ceci médité rapidement, ils prirent leur parti en braves et, d'un air amical, assurèrent Roquecourbe qu'ils étaient disposés à oublier en entier le passé.

— Bien, dit-il, voilà qui est bien, en laissant éclater sur sa physionomie naturellement sombre une joie momentanée. Oh! que l'on va se divertir ici dorénavant. Allons, messieurs, allons vers le malade; c'est juste répétait-il, ne faites point, vous, les premiers pas.

Au moment de dépasser la porte, celle-ci fut occupée par sir Olivier en personne, qui s'y arrêta et s'y encadra presque tout en vérité ; dans son immobilité surnaturelle, il ressemblait à un portrait attaché sur sa toile ; sa haute taille raide et sèche, ses yeux gris et fauves arrêtés aussi, et lançant des éclairs, malgré leur fierté ; ses traits amaigris, contractés horriblement par la souffrance ; ses cheveux raides et comme souillés de poussière ; son front, singulier dans sa forme, pâle et terreux ; des joues molles privées de frais coloris, sur lesquelles on voyait des teintes verdâtres ; tout en lui, et surtout sa ressemblance inconcevable avec sir Edgard, son frère, imprimait une sorte de terreur et de dégoût à laquelle on cédait sans pouvoir s'en rendre raison.

Cette prestance si extraordinaire imposa tant de trouble intérieur à Montare et à Roquevel, qu'ils demeurèrent muets à sa vue, et tout ce qu'ils purent faire ce fut de le saluer silencieusement. Lui, au contraire, essayant de sourire, amena sur sa bouche une grimace tellement désagréable, que les deux amis frémirent pendant que le comte les examinait avec déplaisir.

— Messieurs, dit-il, je n'ai pas voulu affliger notre hôte par une querelle dont les suites seraient devenues sanglantes, et pour vous prouver mes bonnes intentions, je suis venu.... Qu'est-ce, comte de Roquecourbe, vous êtes mal à votre aise; vous me regardez avec une terreur... Ne me connaissez-vous pas encore?

— Pardon, sir Olivier, répondit l'interpellé, mais ce n'est pas vous qui, en ce moment, attiriez mon attention; derrière vous j'ai vu... ou plutôt j'ai cru voir... Illusion! fausse apparence... Messieurs, continua le même, mon ami sir Olivier ne se ressouvient plus du passé. Voulez-vous que tantôt nous signions tous la paix à table?

— Volontiers, dit à son tour le marquis, pensant que le cérémonial voulait que lui et Albert témoignassent, par quelques paroles, leur acception au pacte amical proposé..... Oui, renonçons à tout retour vers une époque fâcheuse, et qu'un serment réciproque donné, reçu demain dans la chapelle du château, nous lie de telle sorte que nous ne puissions plus l'enfreindre sans attirer sur nous la colère de Dieu.

A cette proposition inattendue, Roquevel remarqua que son parent tressaillait, que sir Olivier devenait plus sombre; celui-ci répliquant avec un sourire véritablement satanique :

— C'est bien, marquis, un serment, une chapelle, des reliques, une croix, des cierges allumés, un livre... Un livre!... Oui, un certain livre enfin. »

Il s'interrompit ici, comme si le mot

d'*Évangile* n'avait pu sortir de sa bouche, puis il poursuivit :

« — Tout cela est solennel, pittoresque, fort beau sans doute, mais, par malheur, je n'y crois pas, non je ne crois à rien... »

— Sir Olivier, s'écria le comte en voyant la surprise, mêlée d'indignation, qui éclatait chez ses nouveaux hôtes, songez-vous à ce qui vous échappe; n'êtes-vous pas un converti, et pouvez-vous retomber ainsi dans vos erreurs précédentes; un saint prêtre, hier en me quittant, m'avait affirmé...

— Ce que réellement je venais de lui dire, monsieur, oui, ce qu'il venait de m'enseigner de me porter à croire; mais depuis qu'il n'est plus là, je ne sais ce qui se passe en moi; mais d'autres idées bien opposées m'assiègent, je ne m'appartiens plus et je sens... Ma blessure va se rouvrir, je présume et je ferai bien de retourner à ma chambre... Sans adieu, messieurs; à demain, nous nous reverrons.

— Mais monsieur, dit Roquevel, que sa pitié poussait à surmonter son dégoût, mon parent ne sera pas assez fort, il vous laissera tomber. Si par malheur vos sens vous échappent, permettez donc que me joignant à lui, je vous soutienne jusques dans votre appartement.

— Je vous remercie, répliqua sir Olivier, ne prenez pas cette peine; j'ai au dedans plus de force que je n'en laisse voir au dehors; demeurez ici, je vous en conjure.

Il acheva, et d'un pas ferme et hâté, il partit, laissant dans un embarras rempli de surprise ceux qu'il venait visiter. De retour dans leur chambre, et John demeuré en sentinelle à la porte qu'ils venaient de quitter, ils coururent vers celle cachée, par où leur guide était venu les rejoindre; ils firent jouer le panneau, et Regis Noran ne se trouva point par derrière : seulement ils aperçurent un papier attaché par une épingle à la boiserie, et sur lequel, après l'avoir détaché, ils lurent ces mots :

« — *Je me retire... Attendez-moi, je viendrai cette nuit, mais pas avant trois heures. Si avant ce temps, vous aviez besoin du concours de vos hommes et des miens, tirez fortement l'anneau que vous rencontrerez ici près, à la hauteur de cinq pieds du lambris ; enfin, si la prudence vous commandait la retraite, engagez-vous dans ce passage, il aboutit au manoir de Fontperle. Adieu.* »

Un signal de John fit cacher précipitamment le billet que tenait Roquevel, et peu après le comte de Roquecourbe reparut ; il vint aux voyageurs, et d'un air pénétré :

— Savez-vous, leur dit-il, que sir Olivier commence à m'inquiéter ; sa raison déménage presque. Je ne l'ai plus reconnu aux paroles incohérentes qui lui sont échappées tout à l'heure, elles surtout si contradictoires à ce qu'il m'avait dit auparavant. Ne lui en veuillez pas, sa tendresse pour son frère l'égare. Vous ne le reverrez pas de ce soir, il m'a demandé de le laisser souper dans sa chambre. Maintenant je viens à vous de grand cœur vous chercher. Plusieurs des chasseurs de cette après-dîner nous attendent, allons joyeusement nous livrer au plaisir de la table : la chère sera médiocre, mais nous réparerons ce tort par le vin et la bonne mine que l'on vous fera. Quant à vous, mes compagnons (*il s'adressait à John et à Clare*), suivez ces messieurs ; mon valet de chambre que voici vous mènera à l'office, où l'on vous traitera selon votre mérite et l'affection que je voue à vos maîtres.

II

Cinq ou six convives attendaient avec une faim de chasseur, et ce n'est pas peu dire, le moment où le retour de l'amphitryon annoncerait l'approche du souper, lorsque le comte se montra accompagné de Montare et de Roquevel ; chacun vint à lui avec un empressement motivé par un vigoureux appétit. La présentation réciproque ayant été faite en plein champ, ne fut pas recommencée ici. Bientôt un valet ayant ouvert les deux battants de la porte qui conduisait à la salle à manger, on se hâta de suivre le comte et de se placer sans cérémonie, afin de ne pas prolonger un cérémonial inutile.

D'abord, la conversation fut languissante, le besoin de manger occupant seul les chasseurs : à peine si deux d'entre eux, et par manière d'acquit encore, demandèrent des nouvelles de la santé de l'Anglais, ils appelaient ainsi le baronnet sir Olivier Hamelstonn ; ils n'écoutèrent pas la réponse et se mirent sur nouveaux frais à nétoyer les assiettes, grief contre le bel usage, et faute souvent commise par les chasseurs.

Mais tout dans ce monde touche à son terme, on se rassasie de mets comme d'amour ou de gloire, et lorsque la blanquette de Limoux, ce vin de Champagne du Midi fut venu à circuler ; lorsque son bouchon sautant eut amené la gaîté, avec elle, les fronts se déridèrent, on causa, on chanta bientôt, et d'un accord unanime on demanda au Béranger du pays une chanson à boire qu'il avait composée naguère et qui, bien qu'empreinte de libéralisme, sorte de maladie épidémique du temps, fut accueillie par le besoin que l'on a de chanter ; la voici, telle que le marquis de Montare la copia sur le recueil du poète languedocien :

MA ROYAUTÉ,

CHANSON BACHIQUE.

Amis, j'accepte la couronne
Que vous venez me présenter;
Dans le cercle qui m'environne
Nul ne veut me la disputer.
Si j'usurpais le rang suprême,
Je mériterais vos mépris;
Peuple, ainsi que Louis vous aime,
Payez-moi de ce même prix.

D'un bouquet je fais mon panache,
A mon avènement trinquons;
Pour tout impôt de ce grenache,
On videra trente flacons.

Vrai Bourbon, ma vertu première,
Est de vous faire bon accueil;
Louis ne craint point la lumière,
Comme lui j'y porte mon œil.

Je dis : fi de la tyrannie
Sans trop croire à la liberté,
Mes dons seront pour le génie,
Mes rebuts pour la nullité.
Ne craignez pas qu'une sultane
A son gré pille mon État,
Ni que le tartuffe en soutane
En reste le seul potentat.

Je n'adresserai pas d'injure
A qui rognera mes budgets,
Ni ne croirai pas, je vous jure,
A moi le bien de mes sujets.
Des courtisans parfumés d'ambre,
Ne conservez aucun émoi;
S'ils font chez Louis antichambre,
Ils ne feront pas mieux chez moi.

Je partagerai de la presse
La piquante sincérité;
Je prétends que chacun s'empresse
A me dire la vérité.
Prenant encore pour modèle
Louis Dix-Huit, ce chef des rois,
A mes serments serai fidèle,
Sans pour cela perdre mes droits.

À la Charte que je vous donne,
Si je manquais un seul moment,
D'avance, amis, je vous ordonne
De la défendre noblement.
Je règne par votre suffrage,
Et pour garder l'autorité,
Je prends, par crainte du naufrage,
Pour pilote la fermeté.

Les éclats de rire, les propos interrompus, des contes commencés et point finis, des mensonges de chasseurs avancés et confondus occupaient la table, et chacun tendait à perdre la raison, lorsqu'un valet accourant dit quelques paroles à voix basse au comte; celui-ci, en l'écoutant, parut satisfait; puis frappant avec son couteau sur une bouteille vide, afin de remplacer la sonnette du président, profita d'un moment de silence obtenu par son acte insolite, et dès qu'il pût se faire entendre :

—Parbleu! messieurs, dit-il, nous sommes bien traités favorablement par la fortune : on vient toute à l'heure de réclamer ici l'hospitalité, et devinez qui, je vous prie ?

Les hôtes du pays nommèrent toutes les personnes de marque de la contrée.

— Vous ne mettez pas la main sur la vérité : ce sont les quatre premières danseuses et les quatre premiers danseurs du ballet de Montpellier qui vont à Perpignan offrir au public leur talent. La fantaisie les a pris à Narbonne de visiter les Corbières ; ces enfants de Terpsicore se sont perdus, et ils réclament un asile ; j'ai déjà donné des ordres pour que les hommes de la troupe fussent bien traités à part ; mais je viens de faire dire aux nymphes, aux gracieuses Almées ou Bayadères que je les attendais à souper. Vous allez les voir apparaître.

A peine ces mots eurent été prononcés, qu'une acclamation unanime s'éleva des diverses parties de la salle ; on se poussa, les domestiques posèrent des couverts et des siéges; le comte sortit pendant un instant, puis il rentra, donnant la main à deux jeunes et jolies femmes que deux autres suivaient : on les présenta à l'honorable compagnie sous les noms de madame Amanda de Sainte-Olive, de madame de Châteauloup, de mademoiselle de Sainte-Claire. La quatrième, la plus jolie, la plus espiègle, prétendit être connue dans la Guienne, le Languedoc et la province, sous le nom d'Ida Chouchou.

Madame de Sainte-Olive fut assise à côté du comte de Roquecourbe ; un baron de Tresille prit auprès de lui la belle Châteauloup ; on mit mademoiselle de Sainte-Claire entre le marquis de Montare et un chevalier d'Algonne; la sémillante Ida Chouchou fut adjugée à Alfred de Roquevel et au poète Lafabrègue.

Avec la fleur des ballets du Midi de la France, la gaîté du repas qui venait de s'étendre dans les derniers vers de la chanson, se ranima rapidement, et le moins empressé ressentit tout à coup un besoin renouvelé de manger et de boire. Des mets nouveaux furent servis comme par enchantement, et avec eux entrèrent plusieurs jeunes filles vêtues en villageoises, mais avec une élégance et un luxe qui aurait dû fournir matière à réflexion, si quelqu'un de ceux réunis dans ce lieu avait pu conserver une apparence; elles venaient sous prétexte d'aider au service.

A leur vue, les quatre baladines se récrièrent. Quoi! devaient-elles seules, en vertu de leur qualité d'étrangères, tenir tête à dix gentilshommes, on qualifia ainsi tous ceux attablés au château de Roquecourbe, lorsqu'il existait dans le pays des créatures aussi ravissantes.

— Quoi! dit en outre Ida Chouchou, souffrirons-nous que nos jeunes compatriotes nous servent; nous sommes à table quatorze, quatre dames et dix hommes ; le hasard a conduit dans cette salle six ravissantes Languedociennes, Roussillonnaises ou Catalanes, je le reconnais à leurs vêtements. Eh bien ! qu'elles viennent avec nous aider à l'agrément de la soirée.

Les hommes, n'importe leur rang ou leur âge, font rarement de la résistance lorsqu'il est question de leur donner pour partner une femme jeune, jolie et peu cruelle : la vanité personnelle, l'orgueil du sang disparaissent, là où le plaisir les adjure de se taire. Or, dans cette circonstance, la proposition de la bayadère de Montpellier passa sans amendement ; des cris de protestations d'allégresse, des applaudissements prolongés lui donnèrent gain de cause. Alors les convives non encore pourvus s'élancèrent vers l'extrémité de la salle où les six colombes effrayées avaient fait mine de fuir; on fondit sur elles, on se les disputa, sans querelle néanmoins, et elles faibles, craintives, et n'osant résister, se laissèrent amener en triomphe.

Le marquis, qui pourtant avait pu croire qu'Ida Chouchou lui était réservée, s'était regardé libre de choisir, et au lieu de faire acte de protection en versant à boire à la baladine, courut avec les cinq autres convives et saisit par la main la plus jeune de ces paysannes, et malgré sa résistance la ramena en triomphe auprès de lui. Son mouvement paraissait avoir vivement contrarié Ida; elle lui lança au retour un regard empreint de malice et de haine; lui ne s'en aperçut pas, frappé qu'il était de la beauté remarquable de sa jeune conquête, et en même temps de la froideur singulière de ses mains et de son regard; on aurait dit une statue belle, belle, sans doute, à égarer un saint, et en même temps mélancolique, réservée, inerte et privée, au physique comme au moral, du moins à en juger par son indolence et par la fixité atonique de ses yeux, de cette chaleur naturelle départie au printemps de l'âge, et qui en elle manquait de toute façon.

Vainement, séduit par tant de charmes, essaya-t-il de vaincre cette apathie singulière, cette indifférence tellement contraire à l'impétueuse vivacité de ses compagnes, il ne put y parvenir, Catherine, ainsi entendit-il nommer cette bizarre fille, ou jouait un rôle étrange, ou cédait aux impressions d'un caractère peu commun. Tandis que la joie, que l'enivrement du vin et des discours emportait les danseuses et les prétendues villageoises qui, en réalité, étaient les égales de celles-ci, et sans doute faisaient avec elles le complément du ballet de Montpellier, elle, réservée, silencieuse, triste, ne répondait ni aux prévenances du marquis, ni aux encouragements du reste des bayadères.

Le comte de Roquecourbe, dont elle contrariait le plan sans doute, la regardait parfois avec mauvaise humeur, parlait visiblement d'elle à mesdames de Sainte-Olive et de Châteauloup, au milieu desquelles il était placé. L'une et l'autre lui répondaient avec dépit, et parfois lançaient à Catherine des regards empreints de haine et de courroux.

On avait resservi un nouveau souper en l'honneur et au profit de ces charmantes créatures; elles en prenaient leur part avec une avidité extraordinaire; elles buvaient de larges rasades que l'eau ne trempait point: et la fumée des vins capiteux du midi en ébranlant leur cervelle, eut bientôt fait disparaître leur raison. Ce fut alors une orgie, une débauche sans pareille et presque épouvantable: il n'y avait plus là des femmes encore parées de quelque portion de la réserve si convenable à leur sexe, c'étaient des bacchantes frénétiques hors de toute mesure, furieuses, et sans plus respecter les lois de la pudeur.

Cependant elles demeuraient encore assises; la bacchanale ne se manifestait que par leur délire immodeste; que par leurs paroles impudiques et les mouvements licencieux de leur buste et de leurs bras qu'elles agitaient au-dessus de leur front, l'une tenant un verre à pied en forme de coupe antique, et une serviette roulée à l'imitation des serpents ou du reptile dont les Ménades échevelées s'armaient aux fêtes érotiques de Dionius.

Tout à coup la Sainte-Olive se soulève à demi ; elle domine l'assemblée que son œil parcourt d'un regard enflammé; elle frappe avec force de son couteau sur l'assiette d'argent placée devant elle, et comme on lui prête un instant de silence, elle entonne d'une voix vibrante, sonore et pleine de force cette hymne bachique dont chacun répète en chœur le refrain :

DÉLIRE INFERNAL.

Buvons, aimons, buvons encore ;
Vive l'amour ! vive le vin !
Sans l'amour le bonheur est vain,
Et Bacchus lui seul le décore.
Où naît le désir,
Qu'importe la vie,
Je n'ai d'autre envie
Que pour le plaisir ;
Fi de la sagesse,
Nargue la richesse,
A bas la grandeur,
Gentille maîtresse,
Frétillante ivresse,
A vous mon ardeur.
Buvons, aimons, buvons encore ;
Vive l'amour ! vive le vin !
Sans l'amour le bonheur est vain,
Et Bacchus lui seul le décore.
Raison, que veux-tu ?
Fuis-nous, sot novice,
N'aimons que le vice,
Haine à la vertu !
Bachique délire,
Érotique lyre,
Charmez mes beaux jours ;
Foin de la science,
Gloire à la licence,
Damnons-nous toujours.

Buvons, aimons, buvons encore;
Vive l'amour! vive le vin!
Sans l'amour le bonheur est vain,
Et Bacchus lui seul le décore.
Oui, Dieu n'est qu'un mot,
L'honneur que fumée;
Candeur alarmée
Ne sied qu'au marmot;
L'enfer si terrible
Cesse d'être horrible
Pour l'amant buveur,
Et toute croyance
De la conscience
Ne plaît qu'au buveur.

Ces paroles criminelles, chantées sur un air véritablement infernal, fesaient un contraste épouvantable avec la gaîté naïve que les danseuses affectaient. Parfois Damatien écoutait, et avec dégoût et un chagrin qu'il ne dissimulait qu'imparfaitement, étonné de voir son ami, naturellement pieux, prendre une part complète à cette fatale orgie. Il essaya plusieurs fois de l'en arracher; mais à peine si Roquevel égaré pouvait l'écouter, lorsqu'il lui rappelait que l'heure du repos était passée.

« Tu sais, lui disait-il, que nous avons des lettres très importantes à écrire cette nuit-même; que si nous ne les avons pas cachetées avant trois heures du matin, nous laisserons passer le moment de les envoyer à la poste à Narbonne. »

Roquevel, tout occupé de faire chorus avec la pétulante Ida, qui d'ailleurs ne cessait de lui verser à boire, écoutait déjà d'un air stupide des paroles à double sens. Il ne comprenait pas qu'au moyen de ces lettres prétendues, et de l'heure fixe où il fallait les faire partir, Damatien tâchait de lui rappeler qu'à trois heures, au plus tard, leur ex-guide, et maintenant leur ami, devait revenir les voir. C'était peine perdue : les éclats de rire, les chants, la gaîté désordonnée des convives, les propos licencieux qui étourdissaient ses oreilles en égarant son cœur, tout se réunissait pour le conduire rapidement à sa perte.

Plus heureux que lui, le marquis de Montare n'était pas amené vers le piège par la jeune fille indolente et froide que le hasard lui avait donné pour compagne ; loin de l'exciter à boire, loin de le porter à se rendre coupable en répétant les refrains de cette chanson impie, à peine si elle lui répondait, à peine si elle l'enivrait de ses tendres regards ; muette, immobile, concentrée, elle était là comme si tout lui eût été indifférent.

Moins elle s'occupait de son partner, plus les quatre premières danseuses et le comte de Roquecourbe manifestaient un mécontentement extrême de la conduite de Catherine, si dissemblable à la leur ; elles et lui ne cessaient de parler entre eux, à voix basse. On tenait là certainement un conseil sinistre qui cessa lorsque le maître du château, élevant le verbe afin de suspendre un instant toutes les causeries, et pour que l'attention de la société s'arrêtât sur un seul point, dit à Catherine qu'il la priait de n'être pas la seule à glacer la gaîté de la soirée, et qu'il la priait de chanter la première dont elle se ressouviendrait, n'importe quelqu'en pussent être l'air et les paroles.

A cette proposition, gracieuse en apparence, la danseuse mélancolique releva lentement sa tête et dit au comte, avec une expression de contrainte et d'aigreur singulière :

« — Que me demandes-tu?... Suis-je venue ici volontairement? Non, certes; une puissance supérieure à mon désir m'a réveillée de mon repos, m'a contrainte à suivre ici ces démons qui respirent une joie infernale; tu veux pourtant que je chante; eh bien! je te complairai... Néanmoins, ne t'en prends qu'à toi, si l'effet que produira mon chant ne saura répondre à ta fantaisie.»

— Tais-toi, Catherine, tais-toi, dit alors la Sainte-Olive, qui parut extrêmement alarmée.

— Tu n'as point d'ordres à me donner, Clairette, repartit Catherine, en donnant à celle-là un nom qu'elle n'avait pas encore, tu obéis comme moi au même maître, et je vais exécuter ce qu'il m'a commandé.

— Non, non, s'écrièrent les autres danseuses, tu ne chanteras pas; nous suffirons à divertir ces messieurs.

— Taisez-vous ou je parle, dit Catherine d'un ton si impérieux, que l'effroi se répandit sur les fronts de ses compagnes, et Damatien, que tout cela intriguait, remarqua que ces paroles dernières avaient fait pâlir le châtelain Bossu; il comprit que Catherine devait être classée à part dans l'opinion du directeur de la salle de spectacle de Montpellier, et il n'en attendit qu'avec plus d'impatience la chanson qu'elle allait offrir à la compagnie. Catherine se recueillit un moment, puis sa bouche laissa échapper ces paroles étranges :

CHANT DU MORT.

Mon lit est froid, humide et dur,
Blanc est le linceul qui me touche,
Et c'est dessous un marbre obscur
Qu'avec désespoir je me couche.
Qu'il est pénible mon sommeil,
Nul songe riant ne le charme ;
Et si sur moi tombe une larme,
Elle empoisonne mon réveil.

Dans le silence et les remords
Passons la longue nuit des morts.

Les regrets, les gémissements
Ne peuvent point percer la terre ;
Le temps détruit les fondements
Du palais de bois qui m'enserre.
Je ne m'éveille que le soir ;
A mon aspect, chacun frissonne ;
A minuit, dès que le glas sonne,
Sur un tombeau je vais m'asseoir.

Dans le silence et les remords
Passons la longue nuit des morts.

Automne, été, printemps, hiver,
Mes fêtes sont des funérailles;
Pour seul compagnon j'ai le ver
Qui se nourrit de mes entrailles.
On songe à moi les jours de deuil,
Quand on est heureux on m'oublie;
Et moi qui fus jeune et jolie,
Je n'eus pour dot que mon cercueil.

Dans le silence et les remords
Passons la longue nuit des morts.

III

Dès les premières paroles prononcées de ce chant funèbre, et à mesure qu'il se déroulait dans ses couplets comme dans ses notes, la joie folle des compagnes de Catherine et celle qu'elles avaient inspirée aux convives diminuèrent d'abord, et furent rapidement remplacées par une contrainte, une colère mal déguisée d'une part, et une terreur non équivoque de l'autre.

Damatien et son ami, surpris de ce coup de théâtre, se regardèrent spontanément, mais avec défiance de la plus nombreuse partie de l'auditoire. Des murmures s'élevèrent, les danseuses manifestèrent, sans se gêner, leur mécontentement, et à chaque reprise du refrain, tentèrent d'imposer silence à Catherine; mais elle, et comme si elle fut devenue supérieure aux autres, elle leur imposa silence avec la main, et ceci avec tant de puissance énergique et de supériorité effective, qu'elles finirent par se taire et la laisser aller jusques au terme du troisième couplet.

A peine eut-il été achevé, que l'on vit briller un éclair, et que l'on entendit un coup de tonnerre, chacun s'étonna, et le comte, se levant à demi sur sa chaise :

— Merci, mademoiselle, merci de votre complaisance; elle a choisi un motif triste et des paroles à l'avenant ; elles ont servi à mieux faire briller votre talent si remarquable, et je vous en remercie, au nom de toute la société.

— Quant à moi, dit Damatien impétueusement, et en prenant la parole, en dépit de l'amphitryon qui semblait vouloir se la maintenir, ou du moins l'empêcher de la prendre, je ne peux m'empêcher de remercier mademoiselle, non-seulement sur la beauté de sa voix, mais encore sur la franchise de son chant ; elle n'a pas craint d'avouer ce que d'autres cachent, et de nous faire connaître qui elle est et d'où elle vient.

A ces mots, la surprise et la mauvaise humeur éclatèrent sur plus d'une physionomie. Le comte de Roquecourbe se tourna vers le marquis et lui lança un regard de menace et de haine ; il fut même sur le point d'ouvrir la bouche et de se plaindre, mais la danseuse

Amanda, Sainte-Olive lui faisant signe de se contenir, se mit à dire :

— C'est une chose parfaite, monsieur le Parisien; car à votre accent je devine votre patrie, que la promptitude avec laquelle, vous aussi, cherchez des impressions de voyage; par malheur que, de jour en jour, les causes qui les amènent diminuent, que le cercle où on les renferme se restreint. Les *beafsteecks d'ours*, les *ânes Pierrot*, la *Méditerranée découverte*, et les autres merveilles prodiguées dans les œuvres de nos auteurs, forceront MM. les voyageurs à se réfugier dans le surnaturel. Je gage, en conséquence, que si demain nous étions admises à lire dans les notes que vous écrivez ce soir, nous y verrions que le marquis Damatien de Montare a soupé la veille, non avec les bayadères du grand théâtre de Montpellier, mais avec une demi-douzaine de fantômes...

— Ou de vampires, ajouta une voix fortement timbrée, et dans laquelle Damatien reconnut l'accent d'Arnould de Saissac.

Un cri unanime de terreur, de dépit, de courroux même partit unanimement. Chacun se leva et regarda autour de soi. Le comte de Roquecourbe, plus que les autres, tressaillit, pâlit, se mordit les lèvres, et tout de suite, appelant son valet de chambre, lui commanda impérieusement de chasser de la salle, ou plutôt du manoir, l'insolent laquais qui se permettait une interruption aussi inconvenante.

Tous les domestiques présents, et tous connus des gens de l'amphitryon protestèrent de leur innocence. Aucun, par le son de sa voix, ne rappelait celle qui venait de se faire ouïr si mystérieusement. Les danseuses, pâles de colère, abaissaient leur tête et ne savaient plus ni rire, ni causer. Les convives ne manifestaient plus d'hilarité. L'un d'entre eux parla de se retirer, de sortir du château, proposition à laquelle le comte, fâché positivement, mit un veto impérieux : il se plaignît du tour qu'on lui jouait, parla d'une mystification inconvenante, puis, s'adressant à la chanteuse, cause unique de cet incident, lui reprocha, d'un ton demi-badin, demi-sérieux, demi-fâché, demi-timide, le choix de sa romance, qui jetait la perturbation et le mécontentement dans une société tout-à-l'heure si gaie et si rieuse.

Catherine, à ces mots, souleva lentement sa belle tête, que jusques alors elle avait tenue inclinée; ses yeux ternis s'animèrent, quelque chose de dur et d'effrayant y passa, et de ses lèvres, contractées pour exprimer un sourire sardonique, s'échappèrent les mots suivants :

— Pourquoi me quereller ? De quoi suis-je coupable! Ai-je pu repousser cette main qui m'accable, quand elle m'a sorti du lit étroit et noir où je dormais sans joie en mon triste manoir. Je lui dus obéir; et chanteuse inconnue, je viens à vos désirs payer ma bienvenue. On m'a dit de chanter, je l'ai fait, et soudain, un contraire vouloir m'accueille avec dédain. Il est vrai, je n'ai pas, au sortir de ma couche, de mensonges dorés déshonoré ma bouche. J'ai dit ce que je sens, ce que je suis, et DIEU... DIEU seul, sachez-le tous, me dirige en ce lieu. N'attendez pas de moi de trompeuses paroles. Je viens par force ici... Vous, choisissez vos rôles, et puisque sans rien craindre on me force à parler; à ces deux imprudents, je vais tout révéler, ils sauront...

— Elle est folle, cette charmante créature, s'écria l'amphitryon en l'interrompant, tandis que sur son visage contracté, la terreur se peignait en compagnie de la colère.

— Non pas folle, ajouta la danseuse Châteauloup, mais ivre... Oh! oui, ivre... elle pue le vin..., ah! fi...

— Elle seule n'a bu que de l'eau, dit froidement le marquis.

— Allons, quel conte, repartit la même; de l'eau! elle, Catherine!... voyez son verre...

— Pardon, mademoiselle, dit à son tour Roquevel, qui aussi s'étonnait de ce qu'il venait de voir et d'entendre; mais vous vous trompez, c'est votre gobelet que vous prenez et nous présentez en place de celui de votre compagne.

— L'un et l'autre, monsieur aux mauvais yeux quoique bien beaux, dit toujours la Châteauloup, examinez-les vous-même et voyez si tous les deux sont purs de vin ou de liqueurs.

Au fond des deux gobelets, on voyait courir des goutelettes brillantes et dorées... La chose était positive, et néanmoins les deux amis auraient juré que dans celui de la chanteuse ils n'avaient vu d'abord que de l'eau pure.

Pendant cette contestation, celle qui aurait pu la faire finir d'un mot était tombée dans une immobilité mélancolique, dans une rêverie de pensée qui la rendait indifférente à ce qu'on lui disait, à tout ce qui se passait autour d'elle; Catherine semblait habiter un autre monde et ne plus s'occuper de ce qui se passait dans celui-ci. Son silence fit tomber la discussion; comme elle ne se défendait pas, ses accusatrices triomphèrent et, en conséquence, d'un signe que fit le comte de Rochecourbe la belle Sainte-Olive se mit à chanter un de ces vaudevilles obscènes tant à la mode vers la fin règne de Louis XV, et pendant la première moitié de celui de son successeur.

La licence des couplets, l'esprit des pointes amusant la compagnie, lui fit oublier l'incident pénible qu'avait amené le choix de la romance de Catherine, et même détourna l'attention de l'orage qui grondait en ce moment. De nouvelles bouteilles de vins et de liqueurs furent placées sur la table, flanquant un bowl immense en porcelaine du Japon, rempli de punch enflammé. Le comte de Roquecourbe emplit un verre pour chaque convive, et des valets les placèrent devant chacun d'eux; mais au moment où Montare et Roquevel touchèrent le leur, il éclata brusquement, et le liquide tomba dans leur assiette et sur leur serviette.

Les convives ne virent pas ce nouvel incident, distraits qu'ils étaient par les propos lascifs des danseuses. Le comte de Roquecourbe seul, et les Sainte-Olive et Châteauloup s'en aperçurent; tous trois rougirent; tous trois firent un geste de fureur et de crainte, et tous trois baissèrent rapidement leurs yeux, qui d'abord avaient examiné avec attention la physionomie des deux amis. Ces derniers s'étant également interrogés par un regard muet, se comprirent et, ne voulant pas s'exposer davantage à un péril qu'ils pressentaient mieux qu'ils ne pouvaient l'affirmer, ils se levèrent d'un commun accord.

— Qu'est-ce donc? dit le maître de *Castelfée*, quoi! déjà mes hôtes veulent abandonner la compagnie! leur déplaît-elle à ce point de la dédaigner publiquement?

— L'heure est avancée, monsieur le comte, répondit le marquis de Montare, voilà longtemps que nous nous amusons; tout plaisir a son terme, et vous savez qu'il n'est si bonne société qu'on ne quitte. Mon ami et moi sommes fatigués, la journée nous a été pénible. Contraints à lutter contre de lâches et nombreux ennemis que tout me présente infatiguables, il est bon, par un peu de repos, de se préparer à une continuité de combats, d'autant plus redoutables, que la forme en varie. La prison, la faim, le brigandage, les séductions, du cœur, le poison !... oui, monsieur, le poison... ou au moins un narcotique; rien n'a été épargné et, de notre part, nous avons à préparer pour demain le plan de campagne.

C'était à voix basse que Damatien parlait ainsi. Au fur et à mesure que les mots lui venaient et que le comte les entendait, celui-ci frémissait imperceptiblement, mordait presque ses lèvres, ou tâchait de les maintenir souriantes, et lorsque son hôte s'arrêta, lui à son tour se mit à dire :

—Je joue de malheur, je ne réussis à rien maintenant; je me flattais de rendre, à mon parent et à son ami, agréable le séjour de mon humble château, je vois mon erreur et ma folie; j'espérais que des danseuses charmantes, accortes et faciles leur procurerait du plaisir... Erreur... On les voit comme des Lamies, des Lémures, que sais-je. Les chants d'une extravagante, un mot échappé à la malveillance, ont éveillé dans de nobles cœurs des terreurs superstitieuses et dignes tout au plus du XIIIe siècle.

— Oh! monsieur, vous semblent-elles aussi peu fondées et ne serait-ce pas le cas ici de rappeler et de leur appliquer ce vers si connu de Boileau :

Le vrai peut quelquefois n'être pas vraisemblable.

— Fort bien, messieurs les Parisiens, dit le comte en riant, nos montagnards sont moins crédules que les enfants de la grande ville.

— Mademoiselle me permettra-t-elle de la ramener au salon et d'y causer un instant avec elle, dit cette fois Damatien, soit pour rompre un colloque qu'il jugeait inutile, soit parce qu'en réalité il voulait parler tête-à-tête avec la belle Catherine, à laquelle il venait de s'adresser. Mais à peine eût-il fait connaître son intention, que les deux premières danseuses, se hâtant de répondre pour leur compagne, dirent que cela ne se pouvait point, que trop accoutumées à être l'objet d'allégations malveillantes, elles avaient pris entre ellles la résolution de ne jamais se séparer et, par conséquent, qu'un tête-à-tête devenait impossible.

Damatien et Alfred firent attention à l'intérêt que le comte prenait à cette défaite. Roquevel la trouva si étrange que pour la combattre et même l'anéantir.

— J'admire, dit-il, cette chaste réserve, elle me charme et m'étonne. N'importe, moins on pouvait s'y attendre, plus je partage le désir de mon ami de causer pudiquement avec mademoiselle Catherine, et afin de concilier l'intérêt de la réputation de ces dames, si exposées à se perdre, dans une conversation honnête et dans une salle voisine de celle où vingt personnes sont maintenant, je propose que mesdemoiselles Sainte-Olive et Châteauloup escorteront leur compagne, et moi servirai de second à mon ami ; or, comme nous sommes en nombre impair, j'espère que l'on ne soupçonnera pas ces dames ?

— A quoi bon ce vain rendez-vous, dit le comte en s'efforçant de rire, que pouvez-vous dire à une femme que vous ne connaissez pas, que vous ne verrez qu'en passant, et que vous ne retrouverez plus dans le monde.

— Pourquoi, monsieur, ne nous reverrons-nous plus ? Va-t-elle, en sortant d'ici, devenir invisible, et le champ du repos où elle dort est-il si loin.....

Dans ce moment, un horrible coup de tonnerre éclata sur le château, l'enveloppa de ses feux et le fit trembler dans ses fondements ; on vit des flèches de feu, de longues coulœuvres flamboyantes en parcourir vélocement les diverses parties, en même temps d'effroyables sifflements d'un vent impétueux, le tumulte des tourbillons de la pluie et de la grêle unies, heurtèrent les vieilles et solides murailles. Les rugissements de la tempête grondèrent si fort, que nul ne pensa plus qu'à elle, et même nul n'eût pu se faire ouïr de son voisin.

Les danseuses, qui seules demeuraient tranquilles au milieu de la tourmente épouvantable, profitèrent de son intervention pour se retirer de la conversation particulière où les deux amis les retenaient. Le comte fit comme elles et se remit à table; alors Damatien se penchant vers l'oreille de Catherine, lui manifesta par un signe, plus que par le mouvement de ses lèvres, le désir qu'il avait de lui parler. Elle, sans lui répondre, et cherchant à cacher aux autres convives, au comte, et aux danseuses personnellement, ce qu'elle faisait, dressa en fourche, à plusieurs reprises, deux doigts de sa main gauche, et, en hochant la tête, s'engagea à le voir à deux heures après minuit.

— Où? demanda le marquis.

— Dans votre chambre, lui fût-il répondu. Lui, qui dès-lors était satisfait, salua collectivement la compagnie, et, suivi de Roquevel, s'éloigna de la salle à manger. Ce fut en vain que les danseuses tentèrent de les retenir, ils avaient un besoin trop véhément de se retrouver seuls ensemble, pour ne pas résister à des femmes, objet de leur mépris, bien que parfois ils formassent sur leur compte des conjectures étranges. Elles, de leur côté, les virent partir avec dépit et mécontentement. Châteauloup, par un regard, querella le comte de ce qu'il n'avait pas su les retenir; lui, étendant la main, lui montra les verres brisés......

IV

L'un des domestiques, à la livrée du comte de Roquecourbe, éclaira Damatien et Alfred dans les salles, galeries et escalier qu'il fallait parcourir pour aller de la salle à manger à leur chambre commune; l'un et l'autre conservèrent une attitude silencieuse et méditative. Lorsque cet espion naturel les eut abandonné; lorsque renfermé chez eux, même sans

Clare et sans John, qui soupaient aussi dans ce moment, ils s'éloignèrent de la porte, se rapprochèrent de la cheminée, et là, le marquis s'adressant à Roquevel :

— Que vous semble, dit-il, de ces créatures, de ce qui s'est passé, et de l'incident de ces verres brisés, grâce sans doute aux armes sacrées donton nous asi heureusement muni ?

Ce qui me semble à moi, de tout cela, me demandez-vous ?... Qu'il me fallait venir dans le Languedoc pour me rendre superstitieux ; que dis-je, je me trompe, je devrai à ce voyage mon retour à de saines idées ; je serai dorénavant croyant et soumis... Où sommes-nous? Quel est ce repaire ?... Ne vous tarde-t-il pas d'en sortir?

— J'en serais hors avec vous, maintenant, si ma curiosité n'avait pas été vivement excitée.

— Oui, par cette Catherine, n'est-ce pas? jolie enfant, un peu morose... Qui sait si elle ne joue pas son rôle. Le siècle ou la mode marchent vers la mélancolie, et je crains qu'elle ne cherche à outrepasser les idées nouvelles.

— Mon ami, je connais cette fille; que dis-je, elle m'a été connue, tout me l'affirme; mais où, comment? Ici mes idées s'embarrassent; ma tête se perd... Serait-ce elle?.. Elle... oh! non; car alors ce serait un phénonème... un prodige... un miracle...

— De beauté... soit.

— Non, mais un fait sans pareil, une résurrection étrange..... car je l'ai rencontrée ailleurs vivante, et depuis elle est morte.

— Qui, Catherine, morte?

— Oui, elle, bien trépassée, j'en réponds; j'ai vu ouvrir sa fosse; je l'y ai vu ensevelir... et néanmoins la voici: elle est là, devant mes yeux, et pleine de vie.

— Qui sait, dit Alfred en riant, si c'était une vampire?

— Mon ami, la voix inconnue ne l'en a-t-elle pas accusée?

— Oh! c'est bien fort, elle une vampire... avec tant de beauté, de charme, de jeunesse... Pourtant qui est-elle, puisque vous le savez?

— Elle est... du moins elle ressemble à une simple grisette que dans mon enfance j'ai vu naître, qui a vécu proche ma maison paternelle; j'ai vu ses charmes se développer; elle a grandi, elle est devenue coquette, frivole, étourdie rieuse, simple, néanmoins, naïve même, mêlant de la pudeur à son existence licencieuse, pieuse au fond de son âme, quoique dépravée dans sa conduite et dans ses propos; je lui fus attaché par la puissance d'un entraînement involontaire; je crus l'aimer, je le lui dis; je lui donnai un soir un ruban rose passé dans un anneau d'or; en retour elle me promit de causer avec moi dans le repos et l'obscurité de la nuit prochaine... Une heure après elle tombait expirante, frappée d'un coup de couteau.

— Elle ! grand Dieu !

— Oui, elle; un montagnard, sergent dans un régiment de ligne, l'avait aussi aimée; elle, en insensée, jouant avec l'amour, feignit de partager cette tendresse qui, de la part du soldat, dégénéra en passion furieuse; il parla d'épouser, elle rit, prétendant que son mari ne devait pas être militaire; il allait être promu au grade de sous-lieutenant et il donna sa démission comme il le pouvait, ses années de service étant expirées. Elle, sans comprendre l'importance de la chose, devint encore plus gaie et refusa de nouveau... La vengeance du montagnard fut terrible; il arracha à la jeune fille le couteau qui lui servait à couper le pain de son déjeûner et le lui enfonça dans la poitrine; cela fait, il courut vers une rivière prochaine et, du haut d'un pont, s'élança et se noya... Elle vécut plusieurs jours encore, enfin la mort fut plus forte; Jeannette et non Catherine expira.... Je la vis dans sa bière, je vis passer le convoi funèbre, j'entendis le bruit de la terre tombant sur son cercueil... je n'aimais pas d'amour cette fille, et pourtant je l'ai regrettée et pleurée... Tantôt, en voyant la danseuse, un souvenir confus m'a frappé...; plus tard, j'ai cherché à me ressouvenir qui elle pouvait être..., je ne le savais pas encore, et même je viens de le chercher sans succès; maintenant, au contraire, son image nette et claire m'a frappé, m'a ébloui...; j'ai deviné tout à coup ce que je ne comprenais pas encore... Oui, malgré le temps, le coup de couteau, le trépas, le convoi, l'ensevelissement du corps et de la bière, Jeannette est dans Catherine et mon imagination ne peut les séparer.

— Songez-vous, Montare, à l'importance de ce que vous me dites?

— Certainement.

— Comprenez-vous où nous serions et ce qui serait, si ce que vous nous affirmez était exact?

— Et me direz-vous, à votre tour, vous, ce que peut être sir Olivier Hamelstonn? Savez-vous pareillement ce qu'est le comte de Roquecourbe votre parent?

— Que prétendez-vous par là me faire entendre, Damatien?

— Et que voulez-vous que j'admette?

— Oh! mon ami, une conséquence rigoureuse! Jeannette est-elle Catherine?

— Oui.

— Jeannette-Catherine n'a-t-elle pas été frappée mortellement?

— Oui.

— Ne l'avez-vous pas vu ensevelir?

— Oui.

— Eh bien! si maintenant vous la revoyez encore, à quelle classe d'êtres doit-elle appartenir?

Un silence profond suivit ce dialogue, chacun des deux amis parut méditer profondément... La pendule posée sur la cheminée sonna deux heures... Damatien tressaillit, un nuage douloureux couvrit sa vue. Roquevel le voyant vaciller, vint à lui et le retint au moment où il se laissait choir sur lui-même, il le conduisit vers un fauteuil; il venait de l'y asseoir, lorsque l'on heurta à la porte de la chambre.

— Qui est-ce, dit Roquevel, que veut-on?

— Accomplir une promesse..., rendre un gage..., donner un conseil de salut!... dit une voix douce.

— Catherine!... c'est Jeannette, s'écria le

marquis... Oh! qu'elle vienne!... oui, qu'elle entre.

Le battant s'ouvrit avec lenteur, la portière fut soulevée et la jeune fille apparut; jamais elle ne s'était montrée plus belle, elle tenait dans une main un ruban rose et un anneau, ce fut la première chose que vit Damatien. A l'aspect de ce qui fut à lui, à la vue de ce double don fait à une femme vivante, morte depuis, et qu'on venait sans doute lui rapporter; des pensées étranges traversèrent son imagination, elles semblèrent d'abord l'accabler, mais ceci dura peu, il se leva et venant à la danseuse :

— Mademoiselle, dit-il, m'expliquerez-vous...

— Un fait bien simple, comment aujourd'hui je suis en vie, lorsque il y a six ans vous m'avez vu trépasser.

— J'avoue que ce point miraculeux... ou du moins fort extraordinaire...

— Devient, monsieur, ce qu'il y a de plus simple au monde. Oui, je l'avoue, j'ai paru mourir; vous m'avez vue couverte du linceul funèbre, on m'a couverte de poussière et *je devais en avoir là pour tout jamais*... Eh bien! il n'en a pas été ainsi.

— Que s'est-il donc passé?

— Quelqu'un..... oui, une personne, supérieure j'en conviens..., douée d'une énergie peu commune..., ne reculant pas devant le sacrilége et le respect dû à la tombe, n'a pas craint de m'en arracher...; sa main puissante a repoussé la terre...; sa bouche a murmuré des paroles souveraines..., peut-être même a-t-elle fait descendre en moi de ces breuvages dont la combinaison effrayante rendent la chaleur et le mouvement au corps privé de feu et d'action; ramènent l'air vital là où il est nécessaire, enfin le font ou revivre, ou recommencer une nouvelle existence... Je vous en ai dit beaucoup, ne m'en demandez pas au-delà, je ne pourrais ou je ne voudrais pas en dire davantage. Me voici..., c'est moi... bien moi... n'est-ce pas?... Le nierez-vous, Damatien, d'ailleurs, ne vous rends-je pas ce que vous m'avez donné, quelle autre preuve...

— Jeannette! dit le marquis en frissonnant, se peut-il que je vous retrouve, après des faits aussi solennels, sous l'habit qui vous déshonore, et en compagnie de femmes...

— Eh bien! ici encore, savez-vous si ma volonté n'est pas violentée? savez-vous si j'ai pu tantôt agir librement?... Damatien, autour de vous tout est secret, prodige, mystère; vous êtes dans un lieu, vous marchez dans une voie où, pour vous ou pour votre camarade, tout est péril, tout est danger imminent; croyez-moi, retirez-vous le plus tôt possible. Une cause inconnue vous protège tous les deux il est vrai, vous avez évité des pièges auxquels tout autre aurait succombé;

redoutez qu'on ne les devine, qu'on ne les trouve, que l'on ne vous les enlève! Partez, partez vite..., chaque minute de retard vous rapproche du crime et de la mort.

— Tu l'entends, mon ami, dit Roquevel, je ne dois pas te laisser exposé au complot qu'a formé la vengeance; mais, mademoiselle, ne pourriez-vous me dire qui est un Anglais habitant comme nous de ce château?

— Celui-là, comme vous deux, comme moi, comme le comte de Roquecourbe et mes compagnes, poursuit sa carrière et remplit sa tâche; il n'est pas libre de s'en affranchir.

— Vous le connaissez donc?

— Oui, je le connais... Quand son nom frappa mon oreille la première fois, je souffris un redoublement cruel de supplice; car il vous nomma ainsi que lui; il ne vous peut pardonner..... Hommes, si vous saviez, lorsque vous croyez ne satisfaire que vos passions vulgaires, combien vous éveillez, combien vous amassez de trésors de haine, de vengeance et de colère.

Damatien, muet à tel point il était agité, examinait avec attention la jeune fille ; il ne pouvait faire humainement concorder les différences des deux natures qui se combattaient en elle : l'existence et le trépas. Qui donc s'offrait à ses yeux? était-ce la jolie fille dont il se rappelait les charmes avec tant de plaisir? ou bien ne lui était-il plus donné d'apercevoir, qu'une créature échappée de la tombe? Des teintes terreuses, l'immobilité parfois des yeux, quelque chose de froid et de friable que la moindre pression lui faisait rencontrer ; l'impossibilité du retour à la vie de ce cadavre si cruellement et si bien frappé devant lui; ce séjour positif dans une tombe accoutumée à ne rien rendre en la même matière, du dépôt qu'on lui a confié, tout cela, et plus encore les paroles du chant de Catherine, ses propos ambigus, les prodiges dont lui et son ami étaient les témoins depuis la nuit passée ensemble dans le château de Saissac; toutes ces choses réunies et combinées ensemble; les apparitions nocturnes dont son ami était encore le témoin, achevaient de le pousser à la crédulité.

Mais alors, avec qui était-il maintenant? était-ce donc avec un être infâme, odieux aux anges, exécrables aux hommes? Jeannette si belle, si douce, si pure n'était-elle plus qu'une vampire, vivant du sang d'autrui qu'elle suçait. Ces pensées effroyables et déchirantes s'accumulant en foule dans son imagination, et la maîtrisant, il ne put leur commander ni s'en défendre, et s'abandonnant à l'impulsion d'une volonté intime, il regarda fixement la jeune fille, et tout à coup, saisissant à pleine main gauche la relique suspendue à son cou, tandis qu'il étendait la droite vers la forme qu'il soupçonnait appartenir à une autre nature, il s'écria impérieusement :

— Au nom du Dieu vivant, seul éternellement, et par la vertu ineffable du bois sacré imprégné du sang de son fils, son égal, femme, cadavre, fantôme, ange, démon, n'importe, je te somme pour que tu rendes témoignage à ce triple *Dieu*, unique néanmoins, de dissiper mon inquiétude, de me faire enfin connaître qui tu étais, qui tu es, ce que tu vas devenir, et pourquoi je te trouve mêlée ici à une intrigue criminelle à laquelle tu es étrangère en partie ?

Dès ces paroles entamées, et à mesure qu'elles étaient débitées, la foudre, qui depuis longtemps ne cessait de gronder, s'arrêta spontanément, le vent, non moins bruyant, se tut de même, et l'on cessa d'ouïr dans le château les cent voix de la tempête retentissante. Au dehors un bruit inexplicable les remplaça, c'étaient comme des clameurs amoindries par la crainte, comme des accents d'une rage furieuse qu'une juste terreur comprimerait. L'air renfermé dans la chambre paraissait violemment agité; on aurait cru que des spectres, que des follets en nombre, errants et occupés à l'entour à mal faire, étaient accourus soudainement, attirés qu'ils auraient été par leur curiosité violemment excitée, d'entendre la réponse que le marquis exigeait de la danseuse prétendue.

Une clarté devenue blafarde et verdâtre, une vapeur sanglante avaient remplacé la lumière pure et douce des bougies; mais plus étrange était encore la créature à qui la voix énergique de Damatien s'adressait en ce moment, décontenancée, tremblante, anéantie, et comme écrasée. elle était là, éperdue, haletante, foudroyée par cette parole hautaine contre laquelle elle cherchait à se défendre. Tombée à demi à genoux, les bras étendus vers ce nouveau maître qui s'imposait à elle, on la voyait lutter contre cette autorité, excitée qu'elle était par un autre pouvoir, ou plus haï ou plus redoutable. Ses lèvres bleuïes frémissaient; son sein oppressé se soulevait avec une rapidité peu commune; ses cheveux se hérissaient, et parfois dans ses yeux, ordinairement atones, passait et disparaissait un éclair flamboyant, témoignage d'une incertitude d'existence extraordinaire. Les dents claquaient, et véritablement tout l'extérieur de cette pauvre fille s'unissait pour inspirer de la pitié.

Surpris non moins qu'elle, de la formule impérieuse que Damatien venait d'employer à son égard, Roquevel, intrigué, confondu, attachait toute son attention visuelle et orale sur

Catherine, et lui, non moins impatient que son ami, se préparait à l'entendre parler; car il ne doutait pas qu'elle ne répondît ou ne s'expliquât d'une façon très extraordinaire.

V

Dans ce moment la porte fut ouverte avec vivacité ; trois personnes se présentèrent d'abord : c'étaient le maître du manoir, donnant ses bras à mesdemoiselles Chouchou et Sainte-Olive. A leur suite venait la Châteauloup ; elle conduisait deux des convives du comte de Roquecourbe. A l'aspect de ce surcroît de compagnie, arrivé si mal à propos, les Parisiens ne déguisèrent pas leur mécontentement, né en premier lieu du regret de ne pouvoir entendre l'explication de Catherine, et secondement l'un et l'autre ayant la crainte que le jeune Regis Noran n'apparut inopinément, et que par conséquent M. de Roquecourbe ne connut à fond le secret de l'issue.

En conséquence, ni l'un ni l'autre ne cachèrent leur surprise, et Alfred, comme celui qui, mieux que tout autre pouvait avoir son franc parler en raison de ses rapports de sang avec l'amphitryon, fut celui qui s'expliqua avant son ami.

— Franchement, monsieur le comte, dit-il, je m'attendais à trouver ici pleinement la liberté hospitalière de la vie de campagne. N'avons-nous pas, Montare et moi, assez appartenus à votre société, et n'est-il pas heure d'être en possession de soi-même.

— Je sais, mon cher cousin, lui fut-il répondu, tout ce que vous pouvez me reprocher relativement à la violation de votre chambre; mais moi et ces messieurs (il désignait le chevalier de Lenare et le marquis de Dullac), ne sommes point coupables ni responsables de cet acte téméraire : ce sont ces trois dames qui, impérieusement, ont voulu rejoindre leur camarade; elles ne connaissaient pas les lieux, et en les escortant avec ces messieurs, nous avons fait ce que vous-même auriez fait à notre place et en pareille occurrence.

— Oui, monsieur le marquis, oui, vicomte de Roquevelle, car ici cesse votre incognito, je présume, dit à son tour la belle Sainte-Olive, c'est Chouchou, c'est Châteauloup, c'est moi; qui nous sommes détachées pour faire cesser l'obsession, le charme que vous inspirez ou avez jeté à frais communs tous les deux sur cette bonne et faible Catherine. Niera-t-elle qu'en venant ici avec nous il a été convenu que, pour faire taire toute médisance, nous ne nous quitterions pas, et qu'aucune parmi nous n'irait seule répondre à des questions au moins oiseuses, sinon indiscrètes.

— Ces messieurs, ajouta Chouchou, ne peuvent oublier que déjà on avait refusé de satisfaire leur fantaisie. Il est peu galant à eux de profiter de la facilité d'une créature qui ne connaît pas le monde pour la mettre, elle et nous, dans une fausse position.

— Où sommes-nous! où sommes-nous donc, s'écria Damatien, ne pouvant se contenir et frappant du pied le plancher avec violence.

— Mais dans un château très connu dans la province, monsieur, repartit l'amphitryon, où nul ne vous contredira, où je chercherai à vous être agréable; mais, en revanche, vous permettrez à ces dames d'établir entre elles une règle de conduite, et vous ne tenterez pas de la faire enfreindre par une d'elles.

— Non, certes, monsieur le comte, non certes, bien que tout cela me semble fort bizarre... Quant à vous, mademoiselle Catherine, qui vous taisez profondément, lorsqu'il serait beau à votre générosité de prendre notre défense; veuillez m'affirmer toutefois, avant de nous quitter, si ces demoiselles ne plaisantent point, et si réellement vous avez pris surtout l'engagement irrévocable de ne pouvoir agir, marcher, manger, parler qu'en commun.

— C'est vrai... c'est vrai, repartit Catherine, incertaine, tremblante, égarée, et qui, baissant la tête plus que jamais, semblait ne pouvoir oser lever les yeux et regarder qui que ce fût.

— Vous l'entendez, dit avec joie le comte, nous ne le lui faisons pas dire, assurément; elle s'est exprimée en toute liberté.

— Je ne le sais, monsieur mon parent, je n'en suis pas convaincu pleinement encore, répliqua Roquevel ; mademoiselle parle d'une façon et pense d'une autre; quel est d'ailleurs le pacte invoqué, où est sa nécessité ou son importance? Quel mal trouve-t-on à ce que mademoiselle cause avec deux de vos hôtes? un seul je le concevrais. Enfin, je vous demanderai, à vous-même, comment, et cela tout-à-l'heure, vous, monsieur le comte, avez amené hors de la salle à manger mademoiselle Chouchou tête-à-tête...

— Vous vous trompez, mon neveu, je ne suis pas sorti avec elle, mais bien avec mademoiselle Sainte-Olive.

— *Habemus confitentem reum*, s'écrierait là l'avocat patelin, repartit Roquevel en frottant ses mains ensemble, et avec joie, en vous opposant une invention, je vous ai contraint à nous avouer une vérité. Quoi! nous sera-t-il interdit de faire à votre exemple, et votre hospitalité sera-t-elle une triste prison?

— Quant à moi, messieurs, dit le marquis de Montare à son tour, pendant qu'il reconnaissait combien la ruse de son ami avait paru déplaisante au comte Bossu et aux baladines; je déclare solennellement que, sans croire manquer à personne, je persiste à vouloir jouir de mon droit d'inviolabilité dans la chambre que je tiens de la politesse du maître du château. Or donc, comme cette pièce est la mienne tant que lui m'y souffrira, j'y resterai avec mon ami et la dame qui, très librement de son côté, est venue nous y joindre. Si elle manque à un engagement quelconque, si elle fausse une parole donnée ce sera un tort, sans doute; mais comme avant et depuis le fameux billet de La Châtre, son sexe a tant de fois commis le méfait, une infraction de plus ou de moins ne le rendra ni moins, ni plus coupable. Mademoiselle est venue seule, et pour qu'elle se retire, j'exige qu'elle soit seule pareillement. C'est mon *ultimatum*, et je me flatte que, vu la circonstance, ce sera pareillement celui de mon ami.

— Et je ne vous démentirai point, marquis de Montare, répliqua Roquevel ; je me charge d'ailleurs, s'il le faut, de payer à la caisse des consignations, la somme de l'amende encourue par mademoiselle Catherine envers ses compagnes, ou ses chefs, si elle en a.

— Ces messieurs nous ont entendu, dit encore Damatien, et ces dames aussi ?

Le marquis de Bellac et le chevalier de Lenare saluèrent en riant les deux amis, et sortant en même temps de la chambre, ils offrirent silencieusement le bras au groupe des trois danseuses ; mais chacune les refusa, et elles se maintinrent en apparence dans la résolution de rester. Alors les deux gentilshommes s'inclinèrent de nouveau, firent cette fois aux deux seuls amis une inclination gracieuse, et ils partirent immédiatement, assez vite même, car leurs pas rapides se perdirent bientôt dans l'éloignement. Le comte de Roquecourbe, au lieu de les imiter, demeura, lui aussi, bien que Roquevel, se penchant à son oreille, lui eût dit, à voix basse il est vrai.

—Quoi ! vous ne les suivez pas ?

Il feignit de ne pas avoir entendu, dans le dessein sans doute de ne pas répondre, et sur un signe prompt et imperceptible que lui fit la Sainte-Olive, lui, prenant la parole, dit :

— Mesdames, deux déserteurs vous abandonnent.

— Monsieur, répliqua finement le marquis, tandis qu'il marchait vers la cheminée, je vous comprends, et puisque votre intention est de nous empêcher de recevoir chez vous qui bon nous semble ; la mienne s'obstine à ne pas céder (*il sonna*), et j'appelle mon domestique pour qu'il vienne prendre mes ordres, car je vais sortir de chez vous incontinent.

Une exclamation échappa aux lèvres de Roquevel, un mouvement de colère agita le comte, mais plus rapidement encore, il essuia son front, et s'approchant de son hôte dont il tâcha de saisir les mains, ce que l'autre évita sans y trop mettre de civilité, il dit avec un ton mêlé de chagrin et de mécompte.

Suis-je assez maladroit dans l'expression extérieure de mes sentiments pour que je fasse croire à monsieur le marquis de Montare que mon intention tend à le désobliger ? Lui, sortir de chez moi à cette heure et dans cette circonstance... Ah ! je ne me le pardonnerais jamais ; je suis demeuré... non par volonté contraire, cachée, ou indécision ; mais uniquement dans le but d'amener ces demoiselles, et pour les déterminer à rompre le pacte qui les tient là, et à laisser leur compagne sous le poids désagréable d'un serment rompu... Je me flattais d'être mieux connu de mon parent, de l'un de mes plus honorables convives, qui d'ailleurs me percerait le cœur, s'il persistait dans son dessein si désobligeant, si mortifiant pour moi. N'est-ce pas, vicomte de Roquevel, que vous m'aiderez à vaincre son humeur, et que par vous je serai sauvé de la honte de voir mon hôte, au milieu de la nuit, aller quérir un asile en pleins champs... Je sors ; ces dames m'accompagneront.

Il dit, et au lieu de reprendre les deux danseuses qu'il venait d'introduire, ou bien Chou-Chou qui était la plus proche de lui; il alla vers Catherine, la fascina d'un regard tellement impérieux, qu'elle, entraînée par on ne sait quel pouvoir souverain, accepta le bras offert et disparut avec lui. Les trois autres danseuses, laissant éclater sur leur mine moqueuse la joie qui débordait de leur âme, saluèrent malignement les deux amis et suivirent le comte triomphateur.

Long-temps le regard de Damatien s'attacha après l'amphitryon, tandis que Roquevel, de son côté, portait les yeux sur son ami désappointé. Enfin, le marquis ne pouvant plus long-temps se vaincre, s'écria :

— Eh bien! Alfred, que t'en semble, que me dis-tu d'un pareil tour de Jarnac? Morbleu! c'est bien le temps de se demander sérieusement où sommes-nous? et plus sérieusement encore qu'y ferons-nous... Là, franchement, que t'en semble?.. As-tu vu plus habile escamoteur. Ah! pour le coup, voici bien un autre Alexandre, les nœuds gordiens ne l'embarrassent pas.

— J'avoue, fût-il répondu, que nous marchons, ou piétinons, pour mieux dire, sur un terrain mouvant, où certes on ne saurait s'établir d'une manière stable ; et franchement, si madame la vicomtesse de Norevelle n'arrivait demain...

— Tu partirais pendant cette nuit, ou au lever de l'aube prochaine?... Eh bien! je t'imiterais de tout point, ou plutôt je te donnerais l'exemple... Mais, moi aussi, avant que de m'en aller, je tiens à revoir cette Catherine, fille mystérieuse, et qui se préparait à nous raconter son histoire, lorsque ces démons malencontreux se sont jetés entre elle et nous.

— Oui, répliqua Roquevel en cherchant à égayer la scène, sans eux la jolie fille, levant le masque, nous eut fait voir un fantôme, une goule, un vampire femelle, que sais-je... peut-être un cadavre à moitié dévoré déjà par les vers.

— Ah! tais-toi! tais-toi! dit le marquis en frissonnant, quel horrible dessous tu veux donner à une aussi délicieuse enveloppe.

— Sais-tu, Damatien, que tout ce qui a lieu autour de nous a bon droit de nous étonner, de nous faire peur, ou de nous inspirer du dégoût ? Sommes-nous endormis ou éveillés ? cédons-nous aux vapeurs d'une hallucination malfaisante et fantastique ? Ce spectre qui m'a poursuivi de si près et qui maintenant s'éloigne; et tes visions et les miennes ; et le maudit château de Saissac..... Dieu me pardonne si sur ce manuscrit jeté négligemment parmi les liasses dont ces tablettes sont garnies, je ne viens pas de lire le nom de ce castel hanté par les esprits, et où il revient si étrangement...

— Que parles-tu du château de Saissac, demanda Damatien, à qui ce nom enleva toute autre pensée, serait-il question de Saissac à *Castelfée* ?

— Tiens, lis et prends, repartit Roquevel en lui montrant un rayon d'une bibliothèque aux montants en colonnettes gracieuses de bois d'ébène, élégamment cannelées, dentelées, feuillées, et sculptées tour à tour en creux et en relief. Des groupes d'enfants, statues délicieuses, agencées avec des guirlandes et des cartouches portant l'écu de Roquecourbe; des couronnes de baron, de vicomte, de comte, de marquis, des casques, le tout exécuté avec le goût exquis de la renaissance, achevaient l'ornementation. Dans ce rayon était, parmi beaucoup d'autres manuscrits, un volume in-quarto recouvert en maroquin noir, et sur le dos on avait imprimé en lettres d'or cette ligne piquante : *Souvenirs du château de Saissac.*

Le marquis de Montare déjà étendait la main vers cet ouvrage curieux sans doute pour lui et pour son compagnon, lorsqu'il se rappela que trois heures du matin allaient sonner et que leur guide et nouvel ami avait annoncé sa visite pour le même instant; il s'arrêta donc...

Alors, dans le calme de la nuit, il lui sembla ouïr un bruit léger proche d'eux; aussitôt il se retourna ves la secrète issue..., qu'il tarda peu à voir jouer et incontinent Regis Noran entra dans la chambre.

VII

De part et d'autre l'on se rapprocha et chacun serra la main qui lui fut tendue; cela fait, le nouveau venu sans élever la voix dit :

— Croyez-moi, rapprochons-nous du corridor par où je suis venu, les curieux auront moins de chance pour nous entendre, s'ils sont quelque part à nous écouter.

On obtempéra à son désir et cela fait, Regis

reprenant le parole : « Savez-vous, messieurs, que vous courez un grand péril ? Il y a de par le monde des hommes bien misérables et méprisables ; l'un d'entre eux est votre ennemi : il m'est connu, par bonheur... Malheureusement, je ne peux établir une complicité entière entre lui et le seigneur de ce château...

— Eh bien ! tant mieux, dit Alfred, interrompant Regis avec vivacité. Le comte de Roquecourbe peut avoir des torts envers nous ; mais enfin, il m'a présenté mon ascendance sous un jour plus brillant, et j'avoue... Mais que savez-vous, monsieur et cher ami ?

— Au nombre des garçons de moulins que nous occupons, il y a un pauvre diable qui, forcé d'être conscrit, comme tous les Français, et peu amateur de la gloire, déserta ; si bien que les galères furent son partage. Il a traîné le boulet pendant cinq ans ; mais honnête-homme d'ailleurs, avant son malheur, il ne s'est point perverti au bagne, nous en avons la preuve depuis dix-huit ans que nous le faisons travailler. Néanmoins, un antécédent pareil a suffi pour que, ce soir, un véritable coquin, échappé du bagne, aît cru pouvoir librement s'adresser à lui, avec le projet de le gagner. Il lui a conté que des contrebandiers catalans et français venaient de passer, outre leurs travaux et gains ordinaires, au commandement d'un *mylord anglais*; celui-ci, ennemi mortel de deux gentilshommes, a juré de les exterminer ; il tâchera de les attirer en plate campagne, et, si on ne le peut, on feindra une attaque, nocturne de brigands contre le château de *Castelfée*, afin, dans le tumulte du combat, de pouvoir se défaire d'eux; et ces gentilshommes, messieurs, c'est vous.

Les deux amis, préparés à cette conclusion, ne firent aucun geste de surprise, Roquevel, seulement, dit avec fermeté :

— Poursuivez, cher ami.

— Eh bien, mon garçon meûnier (c'est Bernard qu'on l'appelle) m'a demandé ce qu'il aurait à faire; car il ne savait s'il devait, ou refuser simplement, ou tout conter à mon père. Je lui ai répondu qu'il m'était important et même nécessaire de savoir journellement ce qui se machinerait contre ces victimes, qui, maintenant, m'honoraient de leur affection; qu'en conséquence, il continuerait de se donner en apparence aux contrebandiers; mais qu'en réalité, il me rendrait un compte exact et fréquent de ce qu'ils voulaient entreprendre, Il me l'a promis, il s'y est engagé par serment; je ne doute pas qu'il soit sincère. Je lui ai promis, en retour, que d'abord on le garantirait de la justice, pourvu que, de son côté, feignant de ne vouloir se mêler que du double meurtre, il refusât toute coopération à la contrebande; à moins que, pour mieux le lier à eux, comme cela est possible, on ne tînt à l'emmener dans quelque expédition de ce genre. Il sait le nom de l'Anglais; c'est un inconnu à ces contrées, car il s'appelle sir Hertfort, baronnet.

A ce nom, les deux amis s'entre-regardèrent avec un accroissement de surprise, et le jeune homme, qui vit leur étonnement, leur en demanda la cause.

— C'est, répondit Roquevel, que sir Edgard Hertfort est décédé, et, à moins qu'il ne revienne.....

Il s'arrêta ici et tressaillit... puis, reprenant :

— Oui, il est mort; mais son frère existe et le remplacera; son frère qui, pour cacher ses complots et nous dérober ses machinations infâmes, a renoncé à ses noms et prénoms de Olivier Hamelstonn. C'est lui qui maintenant nous hait, lui qui nous persécute. Au reste, c'est fort heureux que nous soyons instruits de la fourbe mystérieuse qu'il emploie. Damatien, continua Roquevel, en se retournant vers celui-là; combien serions-nous encore plus tombé dans nos croyances superstitieuses si on nous eût signalé un Edgard Hertfort combattant contre nous?

— Peut-être aussi, répondit le marquis, que ce qui maintenant nous occupe n'est pas assis sur un fondement plus certain.

— Dieu le veuille! Néanmoins les choses étranges qui nous frappent, ce que nous avons vu, ce que nous n'avons pas encore percé... N'importe, avec la protection divine qui ne peut manquer à des hommes d'honneur, avec un ami comme vous, monsieur Noran, avec le concours de Clare, de John, et des autres braves qui ne nous manqueront pas; enfin, avec cet espion dans le camp ennemi, je crois que nous vaincrons notre adversaire. Pensez-vous qu'il y aura péril pour le reste de la nuit?

Noran se montra rassuré sur ce point, puisque Bernard n'avait pas été convoqué; il présuma que, dès-lors, le plan de campagne était ajourné; car, s'il fallait marcher, on l'avertirait pour qu'il se vînt mettre en rang utile.

— Au reste, ajouta le jeune homme, vos soldats sont alertes et, au signal que je vous ai indiqué, ils accourront vers vous... Mais vous avez besoin de sommeil, il est tard; je vous quitte: au revoir.

A ces mots, il partit en refermant l'issue secrète, et il fuit à propos, puisque peu de minutes après sa retraite, Clare et John, accompagnés de deux valets du château, remontèrent auprès de leurs maîtres, ils venaient de souper. Les deux amis s'aperçurent que les gens du château portaient de tous côtés un regard scrutateur. Comme ils ne virent rien, aussi furent-ils répéter au comte que ses hôtes ne songeaient nullement à le quitter.

— Ne nous couchons-nous pas ? demanda Roquevel.

— Pourquoi resterions-nous sur pied. La nuit est assez avancée ; je meurs de sommeil.

— Et moi, Damatien ? et moi... Tu avais néanmoins parlé de la lecture du manuscrit que nous avons aperçu tantôt !

— Crois-moi, remettons à demain cette œuvre.

— Soit ; il m'eut été pénible de ne pas l'ouïr, et toutefois mes paupières se ferment forcément, et c'est avec peine si je t'entends et te vois.

En effet, Alfred de Roquevel, accablé par la lassitude, la route fatigante et les événements de la journée, prit à peine le loisir de se déshabiller ; dix minutes plus tard il dormait. John et Clare tardèrent peu à l'imiter. Le marquis, demeuré seul, jeta un regard sur le manuscrit, puis se souleva sur le coude, car il s'était, lui aussi, couché, bien qu'il n'eût quitté ses vêtements qu'à demi, et dans cette position il tint conseil avec soi-même; le besoin du repos lui parlait impérieusement, et, d'un autre côté, l'envie de lire ce livre qui contenait les annales secrètes du château de Saissac le dominait aussi. La lutte fut longue et pénible... La curiosité l'emporta.

On le vit se lever, se glisser hors du lit, et, sans entrer dans ses pantoufles, et cela par peur de faire du bruit, il chemina pieds nus vers la bibliothèque; en passant proche de la cheminée, il étendit la main, prit une petite boîte de travail de la renaissance, et l'ayant ouverte, en tira quatre à cinq pastilles d'extrait quintessence de café Moka superfin. A peine ce stimulant eut-il été dissous à l'intérieur, que la vertu de ce café miraculeux chassa le sommeil sur-le-champ, dégagea le cerveau de vapeurs pesantes, et rendit à son âme toute son énergie et sa lucidité.

Ce premier effet obtenu, il retira de la bibliothèque le manuscrit qu'il voulait lire, et rallumant le feu, il s'enveloppa soigneusement de sa robe de chambre, jeta par-dessus son carrick (c'était alors la mode), et l'ouvrage à la main, les pieds appuyés sur les chenets, il lut sans s'arrêter, une anecdote qui devait l'intéresser particulièrement :

« L'aïeul du duc de Cardone, maréchal de Lamothe-Houdancourt, etc., avait marié, dans le Languedoc, l'une de ses sœurs; il y avait plusieurs années qu'il ne l'avait vue lorsqu'elle lui envoya un exprès, porteur d'une lettre très pressante qui le demandait auprès d'elle, et conçue en termes tels, que le chevalier Guillaume de Lamothe-Houdancourt ne put s'empêcher de condescendre au vif désir de sa sœur qui, disait-elle, voulait le voir une fois encore avant que de mourir. Comme dans ce moment il habitait Paris, il dut traverser les deux tiers de la France ; et en 1580, un pareil voyage, au milieu des troubles et de la guerre civile pour le fait des religions, n'était pas sans péril et ne pouvait pas être pris comme course de simple agrément.

« Pour ne pas exposer sa fortune, sa liberté ou même sa vie, il fallait, à cette époque, marcher non seul, non en voiture, ce qui eut quintuplé les difficultés de tout genre, mais à cheval et avec une suite nombreuse. Le chevalier Guillaume de Lamothe-Houdancourt était colonel ; en conséquence il prit pour escorte une vingtaine de soldats de son régiment, tous gens de courage et de zèle, ses domestiques en outre et son bagage, en un mot presque un mobilier, car on ne trouvait en route ni nourriture, ni linge de corps, de table, ni draps de lit, ni matelats, ni couvertures, etc.

« Madame la vicomtesse de Najac habitait Toulouse parfois, mais ordinairement elle demeurait la meilleure partie du temps, et souvent des années entières, en son château situé sur le revers méridional des montagnes Noires. C'était de ce lieu qu'elle avait daté la lettre dernière, et là où elle attendait son père. Le messager qui était venu le relancer à Paris l'accompagna dans la route, et il devait devenir son guide à l'approche du château de Fernal.

« Le chevalier Guillaume ayant entendu bien dévotement la messe dans son fief d'Houdancourt, près de Beaumont-sur-Oise, comté qui depuis entra dans sa maison, partit le 6 avril 1580, bien escorté d'ailleurs; ce qui l'autorisa à déployer sa bannière, usage noble qui se perdait et qui disparut entièrement avec le siècle.

« De Paris il se rendit à Orléans, de là à Bourges, d'où il gagna Clermont, puis Saint-Flour, Aurillac et Rhodèz. Il profitait de cette chevauchée lointaine pour visiter des amis et des parents disséminés partout, et non pour guerroyer; ses qualités, son rang, sa bravoure lui rendirent la course agréable; et catholiques et huguenots oublièrent leurs querelles pour le bien recevoir.

« De Rhodèz il descendit dans la ville d'Alby, dont il visita l'intérieur. Cet ancien comté, jadis patrimoine de la grande famille de Toulouse, était alors un simple évêché; il ne devint archevêché que dans le siècle suivant. Il admira la belle cathédrale, peinte à fresque, puis alla se reposer à Lautrec, chez un descendant des comtes de Toulouse, son parent et ami cher. Lorsque ses chevaux, ses gens et lui-même se furent reposés suffisamment, et raffraîchis dans cet illustre manoir, il envoya un exprès, homme du pays, vers sa sœur, pour la préparer à sa venue, et lui se fit accompagner par le messager qui l'avait rejoint à Paris, et qui le conduisit à Revel.

« Une forte journée de chemin séparait Revel du château de Ferrals, où le chevalier d'Houdancourt devait trouver madame de Najac sa sœur. En partant dès l'aube on pouvait espérer de franchir la distance qui était de dix fortes lieues du pays; mais le chevalier, soit qu'il eut eu de la peine à quitter les amis qu'il avait à Revel, soit que le vin du cru lui eut paru bon, peut-être fût-ce aussi par cause d'un pieux retard, tant il y a, qu'au lieu de chevaucher dès la naissance du jour, ce ne fut que vers midi qu'il sortit de Revel.

« — Monseigneur, lui dit respectueusement le guide; monseigneur n'arrivera pas aujourd'hui au château de Ferrals, il est périlleux le passage de la Montagne-Noire; les voleurs et routiers n'y font faute, sans compter...

« — Le paysan hésitait à poursuivre, le chevalier lui dit :

« — Eh bien! qn'est-ce qu'il faut craindre en outre, sont-ce des gargouilles, male-bêtes, loups-garous, tarasques, farfadets, courils, etc.

« — De tout un peu, dit le Languedocien d'un ton qui ne rassura pas le noble voyageur, brave tel que César, en face de tout péril terrestre; mais superstitieux outre mesure, et timide, par conséquent en face de tout ce qui tenait aux sorciers et maléfices.

« On se remit à cheminer. Vers le soir on était déjà dans une forêt immense, semée de torrents, de précipices, de fondrières, de gorges noires, de cavernes tortueuses où l'on ne voyait ni route, ni sentier, ni trace humaine. Le guide s'arrêta soudainement.

« — Tu ne sais plus ou nous sommes! dit le chevalier :

« — Hélas! messire, Satanas s'en est mêlé, il a perdu mes pas et troublé mes yeux, afin de vous contraindre à lui aller rendre forcément visite dans son château, construit ici proche; mais cela ne sera pas : une nuit est bientôt passée, nous camperons, et des gens de guerre, d'ailleurs...

« — Que contes-tu, Lucifer aurait-il pas ici quelque maison de plaisance.

« — Messire, la voilà, dit le guide en désignant du doigt au milieu d'une clairière un édifice vaste, sombre et dont les tours surpassaient en hauteur les arbres les plus démesurés de la forêt voisine, puis il ajouta :

« — Oui, la voilà cette demeure maudite,

inhabitée depuis plusieurs siècles, et où l'on entre facilement si l'on n'en sort pas de même.

« La troupe fit halte, chacun examina le terrible manoir, c'était, d'ailleurs, une forte et noble habitation. Pendant qu'on la regardait curieusement, deux bucherons passèrent; ils reconnurent le guide, alors il le prévinrent qu'un détachement des troupes aux ordres du redoutable Merle, baron de Salavas, capitaine d'ailleurs invincible, battait l'estrade aux environs; que ces demi-brigades attaquant ceux des deux religions amie ou ennemie, étaient campés à une lieue plus bas.

« En même temps que l'on donnait au chevalier cette nouvelle fâcheuse, des nuages épais s'étendirent dans le Ciel et le couvrirent presque à l'horizon. Les vents divers, celui d'Autan et de Sers, s'attaquèrent avec une vivacité toute méridionale, tandis que l'on sentit tomber des gouttes de pluie larges et chaudes; ces symptômes dénotèrent l'approche d'un orage majeur. Toutes ces choses réunies, déterminèrent le voyageur et son escorte à passer le reste de la nuit, non à la belle étoile, car il n'y en avait pas, mais à l'abri certain que promettait le *Château du Diable*, là on se retrancherait du mieux possible, et à l'abri de ses épaisses murailles, on braverait la tempête, le capitaine Merle et ses gens. Cela déterminé, le guide avec les deux bucherons, partirent pour aller prévenir madame de Najac, de la venue prochaine de son frère, afin que ses gens d'armes et ceux des seigneurs et barons voisins s'armassent en diligence et tentassent la campagne à leur tour.»

VII

Ce ne fut pas tranquillement, et sans vive émotion, que l'on s'établit en maître dans ce château de Saissac, devenu ou maintenu l'apanage de don Satanas. On barricada la porte, où le pont levis n'était plus, avec des palissades solides ; on en fit autant aux fenêtres du rez-de-chaussée, par où on aurait pu tenter une surprise, puis on se dispersa dans cette enceinte isolée, dont on prit possession. Il n'y avait là ni créatures vivantes, ni meubles surtout, à part des tables de cuisine tellement gigantesques, des bancs tellement solides, et des fauteuils antiques si massifs, que le temps avait renoncé à les réduire en poudre, et les hommes à les briser. On avait oublié de les brûler.

Des sentinelles furent placées, on s'installa dans la grande salle, aux proportions démesurées, dont deux files de colonnes courtes en marbre noir soutenaient la voûte : on eût dit par ses dimensions la nef d'une cathédrale. Le chevalier aimait à vivre seul, il se fit approprier une chambre voisine, décorée de plusieurs statues de pierre, ouvrage informe, représentant des guerriers, la visière abaissée, la hache, l'épée ou la masse d'arme à la main : des chaises, deux fauteuils meublaient cette pièce, bien que le tout fut en mauvais état.

Quatre buches énormes fournies par les bucherons, furent apportées et garnirent médiocrement la vaste cheminée, décorée elle-même par des sculptures élégantes, où il y avait des figures gracieuses et des arabesques à l'avenant; un double banc de pierre l'enceignait, présentant un siége commode pour se chauffer et pour s'asseoir. On alluma des flambeaux de cire, et lorsque leur lumière et celle du foyer eût éclairé la salle, le chevalier d'Houdancourt jeta machinalement les yeux sur l'immense travail de la cheminée, et là, au milieu de lambrequins, sur un manteau, et glorieusement soutenus par un lion et par un aigle couronnés et armés; il reconnut son écusson. Les tours et les lévriers, les bésans et le lambel : mais en plus des armoiries de sa branche ; ici était en abîme, la croix vidée, cléchée, pommelée et alaisée d'or.

Une telle découverte lui causa d'abord un

étonnement inexprimable. Comment la chose avait-elle eu lieu? depuis quelle époque le château, dont il n'avait eu aucune connaissance, avait-il appartenu ou appartenait-il encore à sa famille? il savait bien que celle-là était originaire de la Guyenne; mais par l'effet du temps, en vertu de l'ignorance si commune alors à la noblesse, il connaissait peu l'histoire de ses proches; ne sachant même pas que par les anciens barons souverains de Langon, elle se rattachait, dans sa branche aînée, aux premiers comtes d'Astarac ou de Lestrac: puis par ceux-ci aux d'Armagnacs antiques, et que ces derniers enfin remontaient à la race mérovingienne par les premiers grands ducs d'Aquitaine, issus de Caribert, roi de Toulouse, et frère de Dagobert roi de France.

« Le chevalier qui n'avait aucune idée de ceci; mais qui, voyant là son écusson primitif, aurait payé cher l'explication d'un fait si important pour lui et pour sa descendance, pensa alors à sa sœur, la vicomtesse de Najac, et il se promit bien de la questionner sur ce point.

« Depuis plus d'une heure cependant, il était passablement établi dans cette chambre. Les coups de tonnerre qui retentissaient avec un fracas sans pareil dans les profondeurs de la montagne, et les rugissements des vents tumultueux, et le bruit de la pluie mêlée de grêles tombant sur les toîts du château et aux environs, ce cataclysme des grandes convulsions de la nature, tout le portait à se réjouir d'avoir trouvé si à propos un asile quelconque.

« Ses gens lui apportèrent son souper ; il consistait en un morceau de veau froid et en un lièvre rôti, butin de la journée, arrosé d'un flacon d'excellent vin d'Argenteuil. On posa le tout sur une de ces tables en vieux chêne massif que sa lourdeur avait sauvée d'une destruction entière, et les mets mis à sa disposition, ses domestiques se retirèrent, car il avait manifesté son désir de rester seul. Il a dit depuis que cette volonté lui fut imprimée par une impulsion étrangère; il ajouta que bien au contraire, s'il se fut consulté ou écouté lui-même, il aurait préféré à sa solitude, la compagnie de son lieutenant, de son écuyer, de ses pages et voire même de ses hommes d'armes.

« Son monde l'ayant quitté, il fit le signe de la croix, récita le bénédicité, et à grand'-peine approcha le lourd fauteuil qui lui servait de siége, de la table sur laquelle son souper était servi..... Un coup de tonnerre épouvantable retentit sur le château qui fut rempli des lueurs violettes d'un éclair éblouissant. Le chevalier, malgré son courage, tressaillit et porta involontairement la main à la garde de son épée.

« En ce moment, une porte qu'il n'avait pas

remarquée s'ouvrit en face de lui, il y porta son regard interrogateur et vit entrer par cette issue un homme avancé en âge, suivi par deux valets ; il ôta son chapeau par forme de civilité; puis s'approchant du feu, il s'y assit sur le second fauteuil qu'il tira. Ses serviteurs se placèrent en arrière sur les bancs que j'ai signalé. Leur maître et eux avaient auparavant sorti de dessus leurs épaules un ample manteau tout ruisselant de la pluie d'alors.

« Le chevalier surpris et non ému, examina ces étrangers avec un soin extrême. Le premier lui parut un homme de haute distinction qui ne se montrait aucunement étonné de son côté d'avoir trouvé en ce lieu et à cette heure un voyageur. Messire d'Houdancourt également, ne se croyait pas en droit de questionner quelqu'un qui, comme lui, sans doute, était venu demander un asile à cette mâsure pendant l'orage momentané; néanmoins sa prudence s'effarouchait de la facilité avec laquelle, et sans que sa suite l'en eût averti, on s'était introduit dans une enceinte qu'il avait fait barricader, et sans en être prévenu par ses sentinelles.

« Cette idée l'occupait, et il l'aurait manifestée, si une fausse honte ne l'eût retenu. Il hésitait à témoigner de la frayeur, et il se résolut à attendre ce qui adviendrait avant de faire un appel à ses gens ; d'ailleurs il n'avait pas encore quitté sa cuirasse ; sa bonne épée pendait à son côté ; son morion était proche sur la table, et il se savait en plus, à sa ceinture, une dague et deux pistolets de poche, ouvrage merveilleux d'un ouvrier de Paris.

« Toutefois, et à part eux, les inconnus se chauffaient sans rien dire non plus. Le chevalier, à cause de la primauté de son établissement, crut que la politesse exigeait qu'il fît à tout hasard les honneurs du lieu et du souper;

en conséquence, il se leva, et avec l'urbanité gracieuse, commune à lui et à ceux de sa caste, il s'approcha du voyageur âgé et lui proposa de prendre sa part du souper servi tout récemment.

« — Je remercie humblement messire Guillaume, chevalier de Lamothe-Houdancourt, repartit le vieillard, de son offre bienveillante, je ne peux accepter son repas, car mes cuisiniers travaillent ici proche, et je pense qu'on ne tardera pas à mettre mon couvert.

« — Messire qui me connaissez, et envers qui je ne jouis pas du même avantage, vous n'êtes donc pas arrivé nouvellement dans cet antique manoir ?

« — Non, chevalier, j'y suis chez moi, et suis ravi de vous en faire les honneurs.

« — Quoi, Messire! repartit le chevalier en tressaillant involontairement, vous êtes chez vous, et l'on prétend inhabitée cette maison surnommée même le *Château du diable.*

« — Elle est mienne et très mienne, c'est tout ce que je peux affirme.

« — Dans ce cas, excusez mon établissement indiscret.

« — Je vous en aurais fait les honneurs si la chasse ne m'eût pas mené trop loin.

« — Mais vous habitez ailleurs... car il appert que vous laissez en pauvre état ce vaste édifice?

« — Il n'est pas ainsi dans ses autres parties; j'avoue que celles-ci que le corps de logis avoisinant la porte d'entrée principale, sont abandonnés depuis long-temps pour causes à moi connues; mais si vous voulez me suivre, je vous montrerai des appartements de quoi recevoir mon cousin.

« — Seigneur châtelain, je vous suivrai...

« Le chevalier allait ajouter *jusqu'aux en-*

fers; il se retint pourtant et dit, en changeant la fin de sa phrase :

« — Jusqu'où peut aller un chrétien et un gentilhomme ; si d'ailleurs je suis ici en famille ?

« — A quoi ressemble cet écu ? dit le maître du logis en touchant d'une main sèche et pâle ses armoiries sculptées sur le montoir de la cheminée.

« — Au mien, messire, au mien... et sans doute vous avez le droit de le posséder.

« — Je l'ai reçu de mes pères.

« — Et vous le transmettrez à vos descendants.

« L'inconnu frissonna, ses lèvres, déjà blanches, achevèrent de blémir ; ses yeux s'allumèrent d'un feu ardent et farouche; et sa voix dit :

« — Je ne vous ai pas questionné.

« Cette réplique peu civile déplut au chevalier, il garda le silence et l'autre en fit autant. Toutefois, le chevalier gêné et voyant les mets en péril de se refroidir, renouvela son invitation, afin d'acquérir le droit de satisfaire un appétit largement éveillé par huit à dix heures de voyage ; mais son hôte reprenant la parole :

— Serait-il convenable que dans mon château (il appuya sur ces deux mots) je souffrisse qu'un passant fournît à mes besoins ; mon cousin, acceptez mon souper et suivez-moi, je vous le répète, si la bravoure de nos ancêtres n'est pas morte en vous.

« — Morbleu ! s'écria le chevalier oubliant sa prudence en ce moment, je vous suivrai jusqu'aux enfers, et vous verrez là si je suis ou non de notre sang, vous qui prétendez en être.

« Une joie maligne illumina momentanément la face froide et mélancolique de l'inconnu ; il se leva, ses valets le précédèrent, il passa le premier la porte par où il était venu, et, en ayant franchi le seuil, fit signe au chevalier de le suivre, et ce, en poursuivant son chemin. M. de Lamothe-Houdancourt marcha intrépidement sur ses pas. Dès qu'il fut parvenu dans cette autre pièce, il demeura stupéfait de la magnificence de son ameublement; des bougies sans nombre l'éclairaient, il y avait à la suite une longue file de salons, de galeries; chacun et chacune variés dans sa décoration et dans son luxe, dépassant toutes les bornes; une illumination extraordinaire éclairait tout d'un nouveau jour, on eût dit les apprêts d'une fête incomparable. Le chevalier allait de surprise en surprise.

« Son conducteur le devançant toujours, ouvrit enfin une portière à l'aide de riches cordes d'or et laissa voir une galerie gigantesque dans ses proportions et fort singulière dans sa décoration, à laquelle rien n'était comparable dans la munificence des rois de la terre.

La voûte, les murailles, les lambris, les planchers étaient d'une couleur rouge ardente, on aurait dit une flamme solide. Là, autour d'une table immense, une société nombreuse était assise; c'étaient de graves, de gais châtelains d'âges différents, vêtus avec richesse, selon les modes variées des siècles divers; plusieurs portaient, brodés sur leurs habits ou sur leurs cotte de maille, l'écusson des Lamothe-Houdancourt. La tour d'argent sur le champ d'azur s'y retrouvait constamment avec les tourteaux ou besans et le lambel, marque de descendance puînée; mais parfois, et dans certains, le levrier de gueules était remplacé par un lion ou par un aigle, et les émaux ou la couleur de cette pièce changeaient arbitrairerement.

« Ce portique immense resplendissait de l'éclat des pierreries de colonnes d'or aux chapitaux de rubis, des écharpes de draps d'or et d'argent, de brocards somptueux, se détachaient brillamment sur cette couleur rouge et flamboyante; une odeur désagréable s'exhalait de toutes parts, et l'on ressentait là, d'ailleurs, une chaleur tellement étouffante, que le chevalier s'arrêta lorsqu'il eût dépassé l'entrée.

« — Avancez, lui cria son guide.

« — Non, certes, je n'en ferai rien, répliqua-t-il, où suis-je?

« — Que vous importe; venez, la chère est exquise, ces seigneurs sont tous vos parents.

« — Je vous le répète, où suis-je?

« — Où vous m'avez dit que vous me suivriez.

« — Quoi! en enfer! s'écria le chevalier de Lamothe-Houdancourt, en reculant d'un pas. Que mon seigneur Jésus-Christ et sa très sainte mère me soient en aide! par l'aide du grand saint Guillaume, duc d'Aquitaine, mon parent et patron.

« Et il fit le signe sacré de notre rédemption. Tous ceux qui étaient là, répondirent à cet acte pieux et sage par des huées et des gaberies ; on l'appela couard, nigaud, hypocrite ; on le siffla, on se remit à boire, à manger, à chanter des chansons obscènes et sacriléges. Le chevalier qui, d'un pas, avait repassé prestement la porte, demeura au dehors, inaccessible à la colère, et bravant celle de ces êtres pervers. L'inconnu, voyant alors qu'il se refusait à venir à lui, se rapprocha et lui dit :

« — Messire, tu perds une belle occasion de t'enrichir; si tu avais eu le courage de faire le tour de cette table et de trinquer avec ceux qui y sont assis, toutes les richesses amoncelées dans ce château seraient devenues tiennes mais puisque tu crains de choquer le verre avec tes proches et de manger avec tes ascendants, il ne me reste qu'à te charger d'une commission importante. Vois-tu cette chaise vide, à la droite du festin, eh bien! demain, aussitôt que tu auras embrassé la vicomtesse de Najac ta sœur, dis-lui qu'elle prévienne son mari que je l'invite à venir y prendre place d'aujourd'hui en un an; elle saura ce que cela veut dire. Quant à toi, retournes dans la salle où ton souper se refroidit; sers-toi hardiment pour ton usage de la coupe qui sera auprès de ton gobelet, emportes-là, je te la donne, elle n'a rien de surnaturel.

« En devisant ainsi, l'inconnu reconduisit le chevalier jusques à la chambre où il l'avait pris, le faisant maintenant passer le premier. Dès que M. de Lamothe y fut entré, un léger bruit aigu se faisant derrière lui, le contraignit à se retourner promptement... Il ne vit ni homme, ni porte; mais une muraille blanche et toute unie du bàs en haut.

« Le chevalier troublé et tout hors de lui, s'agenouilla et pria avec ferveur pendant dix minutes, et puis, se rapprocha de la table. Les viandes fumaient encore, là aussi était une coupe d'agathe ornée de gros diamants et de belles pierres précieuses; L'écussson de ses pères y était représenté en émail limosin. Le chevalier fit le signe de la croix sur cette pièce suspecte, lui fit toucher une relique de la sainte couronne d'épine qu'il portait toujours à son cou, et à la protection de laquelle il attribua sa conservation pendant cette aventure merveilleuse; plus tard même, il l'arrosa d'eau bénite, et la coupe ne disparut pas. Alors, il la remplit par trois fois de vin d'Argenteuil, et la vida également en l'honneur de la très sainte Trinité, ce qui acheva de purifier ce meuble suspect.

« Ce préliminiare convenable accompli, il mangea avec un appétit doublement aiguisé, et quand il eut achevé son repas nocturne et solitaire, il se rapprocha du feu, s'enveloppa dans son manteau, et dormit jusques au point du jour.

VIII

« Ses gens, impatients de quitter ce lieu, où ils n'étaient pas sans inquiétude des farfadets et du capitaine Merle, entrèrent dans sa chambre pour l'avertir que son cheval était sellé. Il ne leur dit rien des événements de la nuit dernière, leur cacha la coupe et poursuivit son chemin. Il avait fait à peine un quart de lieue lorsque le vicomte de Najac, son beau-frère, et plusieurs seigneurs des environs vinrent à lui, on se complimenta réciproquement, et la cavalcade, désormais trop importante pour avoir à craindre d'être insultée, parvint sans nul encombre au château de Fernal.

« Le frère et la sœur s'embrassèrent avec une joie sincère : ils étaient séparés depuis long-temps, ils avaient tant à se dire que les premières semaines s'écoulèrent rapidement; mais parmi tout ce que le chevalier disait à madame de Najac, il ne lui contait rien de ce qui avait eu lieu dans le château de Saissac ou du Diable. Ses gens y avaient, eux, si bien dormis, qu'ils se moquèrent de la sotte crédulité et des terreurs d'enfant de leur guide, des bûcherons et de tous les habitants du pays.

« Un matin, à son réveil, le chevalier aperçut posée, sur la table la plus rapprochée de son lit, la coupe mystérieuse qu'il avait prudemment renfermée dans son armoire dès le jour de son arrivée. Il appela ses domestiques et les gronda avec sévérité du déplacement sans ordre de ce chef-d'œuvre. Chacun jura de son innocence par sa part du saint Paradis. La coupe fut mise cette fois dans une cassette scrupuleusement fermée, et la clef ne le quitta point pendant tout le jour; néanmoins ce même soir, et à sa rentrée dans sa chambre à coucher, il retrouva la coupe à l'endroit même où elle s'était offerte à lui au moment où il quittait le lit.

« Ce prodige, car comment donner un autre nom à un fait si étrange, inspira au chevalier des réflexions pénibles. Il se ressouvint de la commission dont on l'avait chargé dans le *Castel diabolique*, et il fit à Dieu et à lui, la promesse de réveler à sa sœur ce qu'on l'avait chargé de lui dire. Il alla la rejoindre, l'écarta sans éclat de la société dont elle était environnée, et l'ayant conduite dans son oratoire, s'y enferma avec elle, et de point en point lui répéta ce qui s'était passé.

« Madame de Najac, en l'écoutant, s'évanouit de douleur, car elle aimait son mari, chose rare dans le pays et à cette époque. On eut beaucoup de peine à la faire revenir; et quand elle eut repris la connaissance, ce fut pour s'abandonner à des larmes et à des sanglots presque interminables : mais, en même temps, elle ne dit rien qui pût faire croire qu'elle doutait de cette révélation. Son frère, dans sa surprise, demanda le motif de cette résignation à une certitude à laquelle, lui, ajoutait peu de foi.

« — Hélas! répondit-elle en recommençant ses larmes et la vive expression de ses chagrins; depuis environ quatre cents ans, et en récompense des services qu'un baron de

Najac rendit en Palestine à la religion chrétienne et à la Sainte-Église catholique, il obtint du Ciel la faveur étendue à tous ses descendants (ceux de la branche aînée de sa maison) d'être prévenu, un an à l'avance, du jour de leur mort, qui a toujours lieu d'une manière imprévue et extraordinaire; mon mari, à qui je n'ai donné que des filles, croyait qu'il ne serait pas soumis à cette loi, puisque dans lui s'éteignait la branche aînée... Et comment oser lui apprendre qu'il touche à sa fin!

« Cependant le frère et la sœur comprirent qu'ils ne pouvaient garder un tel secret, car en le taisant, ils se rendraient coupables de la damnation de leur mari et si proche allié. La vicomtesse pria le chevalier de prendre, lui, le soin de ce terrible office; il s'y refusa et finit par céder. Ce fut après avoir vu communier le vicomte qu'il lui révéla ce qu'il avait vu et ouï. Ce gentilhomme ferme écouta presque tranquillement un récit pareil, se contentant de dire :

« — DIEU me fait par là une bien grande grâce. Je l'en remercie... que sa volonté soit faite.

« Il se tut, rêva..., se promena, puis s'agenouillant, demeura assez de temps plongé dans une rêverie profonde et religieuse..... Un an s'écoula, Guillaume de Lamothe-Houdancourt n'avait pu refuser à sa sœur de prolonger son séjour auprès d'elle, et ce qu'il accordait à la tendresse ressortait aussi de la curiosité. Il doutait néanmoins que de telles choses pussent s'accomplir ainsi. Plusieurs fois, en partant de Ferrals, et sous prétexte de retard de chasse, le chevalier et le vicomte avaient passé des nuits au malencontreux château de Saissac. Là aucune apparition, aucun fait extraordinaire n'était venu confirmer ce que l'un des deux avaient vu et entendu. Les salles demeuraient désertes, le vent seul y soufflait, la foudre seule les illuminait et les faisait retentir. Ce lieu abandonné ne recelait que des bêtes féroces; des bandits s'y cachaient parfois, mais on n'y rencontrait ni démons, ni revenants, ni la moindre créature surhumaine. Cela rassurait les deux parents.

« Aux approches de l'anniversaire du séjour du chevalier au château de Saissac, le vicomte de Najac dit à son beau-frère :

« — J'ai une fantaisie !

« — Laquelle ?

« — D'aller, au jour fatal, coucher au Château-du-Diable.

« — Eh ! mon frère, c'est là une idée affreuse, s'écria le chevalier.

« — Pourquoi vous paraît-elle ainsi ? ne vaut-il pas mieux, s'il faut que demain je meure, que ce soit là qu'ailleurs.

« Le chevalier, à son tour, aurait pu lui demander pourquoi là précisément : il n'y songea pas, se contentant de combattre cette détermination, selon lui, véritablement trop philosophique. La vicomtesse conjura aussi son époux de renoncer à ce plan qui les épouvantait tous, sans qu'il effrayât celui qui l'avait imaginé. La fermeté de M. de Najac fut telle qu'il fallut lui céder.

« On se mit en voyage avec une multitude de gens pour escorte : des soldats, des varlets, des pages, des écuyers, des nobles voisins, des amis, des parents ; plusieurs ecclésiastiques : des moines pieux grossirent le cortége accru même de l'évêque de Carcassonne. Le très révérend père en Dieu, Annibal de Rucelaï, Florentin, allié à la reine-mère Catherine de Médicis ; il avait voulu être de la partie, et à part sa suite accoutumée, il conduisait avec lui les quatre abbés de La Grasse de

Saint-Polycarpe, de Caunes et de Montolieu.

« Jamais, depuis les époques de sa première splendeur, le château de Saissac n'avait reçu si nombreuse, si bonne, si sainte compagnie. On avait à l'avance envoyé des meubles, des lits, des tapisseries; une abondante batterie de cuisine, des provisions de bouche : la chapelle fut rebénie, puis on prit des précautions militaires; partout des sentinelles, on multiplia les postes; en un mot, aucun moyen humain ne fut négligé. On chercha vainement les salles flamboyantes que le chevalier d'Houdancourt avait parcourues, et leur existence momentanée fut attribuée à une illusion diabolique. Il faut ajouter qu'aucune arme à feu n'était chargée, bien que les munitions ne fissent faute à tous les cavaliers et fantassin.

« Au sortir du dîner, et tandis que l'élite de la société demeurait dans la grande salle à deviser, à jouer, en attendant la nuit, et le goûter, ce précurseur du souper, à ces temps de chère solide et multipliée : l'abbé de Montolieu, qui était un saint homme, prit à part le vicomte de Najac, et à voix basse, lui demanda si depuis le matin il s'était confessé.

« — A quoi bon, dit celui-ci, pâlissant : j'ai fait mes dévotions samedi dernier.

« — Eh bien ! nous sommes au 15 avril, et un vendredi vous êtes sous la main de Dieu.

« — Mais, messire, nous y sommes tous.

« Le baron avait élevé la voix, ceci attira l'attention. L'on vint à lui, il conta la question du prêtre, on se récria sur la sévérité de l'abbé de Montolieu, sur ce qu'il attachait de l'importance à une illusion assurément diabolique ; car ici l'on doit dire que la famille avait tu toujours l'anecdote commune à chaque ancêtre du baron, et dans la circonstance présente, en parlant de la mort prédite ou annoncée à instant fixe, on l'avait rapportée à la vision du chevalier de Lamothe-Houdancourt.

« L'abbé, loin de se rendre, hésita si bien sur la convenance d'un acte pieux, que l'évêque de Carcassonne l'appuya, et M. de Najac, homme d'ailleurs très religieux se soumettant, pria le même abbé de l'entendre en confession. Tous les deux descendirent à la chapelle. L'évêque, les autres abbés, le reste des ecclésiastiques et des moines, les chevaliers, trois ou quatre amis et parents les suivirent aussi; le prêtre et le pénitent se dirigèrent vers l'autel, l'abbé s'assit sur une marche de marbre, le vicomte se mit à genoux.

« Le restant de la compagnie se mit également en prière : chacun a convenu depuis qu'il ressentait une anxiété inexprimable. On se releva, attendant la fin de l'œuvre pieuse. Monseigneur Annibal de Rucalaï admirait ce crucifix gothique dont l'expression était admirable. L'abbé de Montolieu, ayant donné l'absolution à son pénitent, le laissa prosterné devant l'autel, et lui, fit quelques pas pour venir vers le prélat.

» Dans ce moment on entendit un bruit très léger; un peu de poussière s'éleva en forme de nuage et enveloppa momentanément le vicomte de Najac... Quand elle se dissipa, ce qui eut lieu tout de suite..., on regarda vers ce point... ce gentilhomme était disparu... un abîme venait de s'ouvrir à la place qu'il occupait... on s'élança vers l'ouverture... des pierres tombèrent à l'intérieur, on crut à un affaissement, et l'on se recula d'abord; néanmoins le chevalier et plusieurs séculiers ou ecclésiastiques, plus hardis, accoururent. Ils regardèrent en bas et virent dans l'orifice les débris d'un vieil escalier. On alluma des torches : l'épée, le goupillon à la main, on y descendit. On se trouva après douze ou quinze dégrés dans un caveau voûté et de dimension vaste ; il communiquait à d'autres souterrains. On les parcourut aussi, on les inspecta, on sonda le sol, les murailles. Une investigation ardue et prolongée ne put amener aucun résultat; alors on démolit de grandes portions de l'édifice, des mécaniciens, des serruriers, des maçons, jusques à des filous subtils, à des jongleurs adroits furent amenés là. Aucun ne put retrouver la trace du vicomte de Najac, disparu dès ce moment sans que jamais depuis on ait pu avoir de ses nouvelles; sans qu'aucune conjecture satisfaisante ait pu indiquer ce qu'il était devenu.

« Un fait si surprenant ayant eu lieu en présence de tant de personnes si distinguées, si attachées à la famille de Najac et au vicomte en particulier, inspira universellement une terreur inexprimable. Monsieur le duc de Montmorency, gouverneur de la province de Languedoc, fit fouiller et démolir la chapelle entière, et les bâtiments adjacents. Cela ne fournit aucune lumière et donna seulement la connaissance d'un couloir ou fissure naturelle creusée dans le flanc du rocher, et sortant par une grotte située au flanc de la montagne Noire, cela n'apprit rien sur cet événement miraculeux. Le chevalier demeura encore sur les lieux une autre année, avec sa sœur, et les affaires terminées, il l'amena à Paris avec ses filles. . . . .

. . . . »

Ici finissait le manuscrit; mais au-dessous on y voyait le paraphe de Me Gaillard-Roger, notaire de Castelnaudary, vivant de 1545 à 1584. Il paraissait assisté de son confrère, demeurant à Saint-Félix; Me Charles-François Poncarmaud, vivant de 1559 à 1605. Ils légalisaient et certifiaient les signatures de l'évêque de Carcassonne, des abbés de Montolieu et de Caune; les deux autres abbés étant absents lors de la rédaction, et celles de MM. de Najac, de Pujol, de Voisins, de Chalabre, de Rigaud-de-Vaudreuil, du Pujol, de Variclery, de Nogaret, de Caffareli, de Caux, de Puyvert, de Begué, de Polastre, de Puybusque, du Laurent, de Borrassol, etc., et de nombre d'autres gentilshommes, magistrats et bourgeois distingués. »

IX

A mesure que Damatien poursuivait la lecture, des sensations superstitieuses s'élevaient dans son esprit ; il se demandait comment un manuscrit, qui devait appartenir aux branches cadettes de la maison illustre de Najac, soit à Saint-Félix, soit à Toulouse, se trouvait en un château perdu au fin fond des Corbières ? Pourquoi l'avait-on mis précisément dans la chambre où lui et son ami devaient loger? Était-ce comme avertissement du sort que l'on leur destinait? Voulait-on les faire disparaître comme le vicomte de Najac? Celui-ci qu'était-il devenu? Quel rapport avait la famille de Lamothe-Houdancourt avec celle d'Arnould le pénitent? Était-ce le méchant Bozon qui avait machiné cette double aventure?

Ces réflexions diverses l'attachèrent tellement, qu'il ne songeait pas à se coucher; cependant la nuit s'écoulait, il était proche de cinq heures du matin; il raviva le feu, il y mit du bois, puis se leva, fut vers une fenêtre afin d'examiner le temps : l'orage avait pris fin, le ciel était calme comme la terre... Pendant qu'il regardait les étoiles brillantes de tout leur éclat dans cette atmosphère si pure, il crut entendre uu bruit de pas que l'on allégeait s'élever de la salle voisine qui séparait leur chambre du grand escalier.

Vu les soupçons légitimes qu'ils pouvaient avoir contre la franchise de leur Amphytrion, ce qu'il y avait de mieux à faire certainement en cette conjoncture, c'était de se barricader à l'intérieur et de réveiller Roquevel et les deux braves domestiques. Ce fut précisément parce qu'une telle façon d'agir était raisonnable, que le marquis ne l'employa pas; se contentant de ceindre une épée par dessous sa robe de chambre, de couler dans ses poches deux paires mignonnes de pistolets qui lui firent ressouvenir de ceux du héros de la chronique qu'il venait de lire; il prit de la main gauche un flambeau à trois bougies, et ouvrit doucement la porte.

Si on lui eût demandé à l'avance ce qu'il allait rencontrer... Des ennemis, aurait-il répondu; peut-être le comte de Roquecourbe avec ses gens, tout au moins sir Olivier avec les contrebandiers à sa solde... Qui vit-il réellement?... La danseuse Catherine... mais non plus élégante dans sa mise et belle dans sa personne; c'était une créature hâve, pâle, lente, aux yeux atones, aux joues terreuses, aux lèvres décolorées, à la démarche solennelle, comme si au lieu d'être animée par le souffle divin, elle n'eût marché qu'à l'aide de ressorts; automate mystérieuse, montée à l'intérieur par une combinaison de rouages cachés, œuvre prodigieuse d'un artiste mécanicien habile et inconnu.

Elle ne portait plus ses vêtements aux étoffes précieuses, aux couleurs choisies, à la coupe exquise, une draperie blanche, humide moisie, trouée, formée de lé divers, l'enveloppait; une partie, serrée étroitement à l'entour du corps, en dessinait les formes mignonnes et arrondies; une autre voilait à demi la tête; une troisième portion, beaucoup plus ample, lui servait de manteau, ou plutôt figurait encore mieux un sinistre linceul funèbre.

Non, hors la réalité, rien dans la manière dont Catherine se présentait au marquis ne pouvait mieux donner l'image ou la représentation exacte d'un cadavre, qui, couché dans son cercueil, en serait rappelé par les conjurations sacriléges et puissantes d'une magicienne de l'antiquité ou d'une sorcière du moyen-âge.

A la vue de ce spectacle dégoûtant, horrible, et plus pénible encore, Damatien se recula d'un pas; le flambeau fut prêt à échapper à sa main gauche tremblante, et par un mouvement machinal, sa dextre alla chercher un pistolet... Il le retira de sa poche, puis ayant honte de sa terreur, il se rapprocha d'un guéridon voisin, où il le déposa avec la lumière qu'il portait; un cri étouffé sortit de sa poitrine, et en même temps, il dit d'une voix tremblante :

— Est-ce vous, mademoiselle?... est-ce vous?... O ciel! que faites-vous ici? où allez-vous? enfin que pouvez-vous vouloir à cette heure indue et dans un costume pareil.

— Vous êtes bon, répondit la jeune fille d'un ton étouffé, et comme si à chaque parole elle allait expirer. Vous ne serez pas dur et cruel envers une malheureuse à qui cette vie factice est insupportable, et qui ne demande que de rentrer dans son repos éternel.

A mesure qu'elle parlait, une horreur toujours croissante se développait en M. de Montare; sa faiblesse, son épouvante, tout le conduisait à ne pas accepter la prière qui lui était faite dans un sens positif. Certes, il lui en coûterait trop pour admettre cette réalité épouvantable; aussi cherchant à se tromper, et peut-être à conjurer d'une manière indirecte cette femme de ne pas l'anéantir en persistant dans la vérité, il répondit en ces termes :

— Vous tendez donc à nous quitter; nous vous sommes désagréables ? Serait-ce une retraite qu'il vous faut, un couvent où vous vouliez vous retirer? Dites oui, affirmez votre volonté, et tout à l'heure, dès que l'aube sera levée, je m'engage, je vous jure sur l'honneur et par ce qu'il y a de plus sacré, de vous conduire à Montpellier, à Carcassonne, à Toulouse, partout enfin où s'élèvent pour votre sexe ces pieuses et sûres demeures.

Celle à qui il s'adressait, au lieu d'accéder à son désir, secouait avec mélancolie et négation, sa tête faible et chancelante hochait en même temps, et quand cette femme put parler :

— Monsieur de Montare, dit-elle, au nom de notre première jeunesse, de cette adolescence qui nous rapprocha, sans néanmoins qu'elle nous rappelle aucun souvenir dont nous ayons à rougir réciproquement; je vous conjure de me rendre un service signalé :

je veux, vous ai-je dit, sortir de ce château où l'on m'a fait venir contre ma volonté ; je veux rentrer dans le silence de ma demeure ; un pouvoir qui me commande ne me laisse pas la volonté de sortir par les issues ordinaires, par celles que des mots terribles gardent contre moi. Mais dans cette occurrence vous pouvez venir à mon aide ; je sais que vous disposez d'un chemin particulier, laissez-m'en profiter pour me rendre, non où vous m'offrez d'aller, mais d'où je viens, et d'où, je vous le répète, on m'a sortie par violence.

— Que dites-vous, repartit Damatien confondu ; quoi ! vous connaîtriez cette route cachée?...

— Oui, je sais qu'elle existe ; souffrez que j'en profite ; le temps me presse, le jour va paraître, et mon cercueil m'attend.

— Votre cercueil, répéta l'auditeur terrifié de cette révélation qui lui était faite pour la première fois sans mystère ; votre cercueil ! (*il se signa involontairement*) Que me dites-vous, et quelle est cette horrible plaisanterie ?

— Vous êtes l'enfant de votre siècle ; vous ne croyez à rien, ou plutôt vous doutez de tout. La science orgueilleuse égare les hommes ; ces insensés, ces présomptueux nient tout ce qu'ils ne peuvent comprendre ni expliquer.

— Votre cercueil !.. Alors, qui êtes-vous ; que sont vos compagnes ; quel est le maître du logis, et surtout ce sir Olivier ?....

— Vous saurez tout ; ma reconnaissance lèvera volontairement le voile qui couvre vos yeux ; mais ce ne sera que lorsque vous m'aurez ouvert ce passage qui me sauvera d'une persécution odieuse et cruelle. Croyez-moi, ne perdons pas de temps ; marchons ; si le jour vient à se lever, ma délivrance sera forcément ajournée à la nuit prochaine, et mon supplice, retardé jusque-là, en deviendra plus affreux.

— Venez donc, être dont je ne connais plus l'essence ; prodige qui me passe, si l'on ne se joue pas de moi.

La morne figure de la jeune fille laissa éclater néanmoins une apparence légère de contentement. Catherine même tendit la main à son ancien ami en signe de satisfaction ; mais lui, dominé par une horreur invincible, ne tendit pas la sienne ; il feignit de ne pas voir ce geste, couvrant son refus par les mouvements de côté qu'il fit pour reprendre le flambeau ; mais à l'instant précis où il se tournait à demi, une figure haute et menaçante accourut et se plaça entre lui et Catherine. Un ample manteau la recouvrait en entier ; un cupuchon non moins vaste cachait les cheveux, le front, tout le haut et les côtés du visage. La disposition de l'étoffe laissait jusqu'à la bouche voilée de l'ombre ; si bien qu'on ne voyait qu'une masse mouvante, et si une voix ne s'était pas fait entendre, Damatien n'eut pas su qui venait à lui; mais il entendit des paroles et il connut ce qu'il avait à faire : c'était sir Olivier Hamelstonn...

— Tais-toi, folle coupable (cria-t-il à la jeune fille en se posant, comme je l'ai déjà dit, entre elle et le marquis, de manière à les cacher réciproquement l'un à l'autre, et en tournant le dos à celle à qui il s'adressait), tais-toi! je ne peux trop le redire; ne sais-tu pas les conséquences d'une révélation sacrilège; manqueras-tu à tous tes devoirs?

— Laisse-moi, misérable cadavre, qui, comme moi, souilles la lumière du jour où tu ne devrais jamais paraître; laisse-moi rentrer dans ma couche étroite, humide et sombre, j'en ai le désir; cette vie de mensonge m'est insupportable; ne t'opposes pas à ce que je l'abrège enfin!

— Insensée! repartit l'Anglais prétendu,

est-il possible, maintenant que tu as dévoilé nos mystères, est-il possible dis-je, que je les laisse à la connaissance de ce profane? il doit mourir! il mourra... il est mort!!!

Pendant que cette phrase menaçante était prononcée, le méchant esprit avait insensiblement dégagé sa main droite des plis de sa cape espagnole, et faisait briller à demi le fer dont elle était armée, et à peine le dernier mot fut sorti de sa bouche, que son bras allongé subitement porta le poignard qui l'armait presque dans la poitrine de Damatien; car déjà la pointe aigue avait traversé la robe de chambre; mais le marquis, averti de l'imminence du péril qu'il courait, dès qu'il avait vu là, l'ennemi de Roquevel et de lui, s'était hâté de saisir le pistolet déposé par lui-même sur la console, et plus rapide encore dans son mouvement de juste défense, que l'autre ne l'était dans celui de l'attaque, il avait lâché la détente si à propos et avec tant de bonheur, que le coup de feu partit, et la balle lancée ayant traversé le corps tout entier de l'Anglais, lui enleva spontanément sa volonté et sa force, rendit impuissant son geste meurtrier, et le fit tomber de toute sa hauteur sur le plancher.

Toutes ces choses, que je suis si lent à raconter, se passèrent en moins de quelques secondes. Damatien, dans sa défense et dans son acte de mort, n'avait rien calculé, mais seulemeni obéi à l'instinct de sa conservation... L'acte consommé, épouvanté, hors de lui, il poussa un cri faible, et machinalement, et sans savoir ce qu'il faisait, rentra dans la chambre à coucher, n'ayant en ce moment d'autre désir que de s'éloigner du blessé ou du défunt, ce qu'il ne savait pas encore.

La détonation réveilla instantanément avec les habitants du château ; mais beaucoup plus près qu'eux du lieu de cette scène fatale, Roquevel, Clare et John. Un mot de Catherine et la vue de sir Olivier les instruisirent de ce qui venait de se passer; car dans cette première minute, il fut impossible au marquis de s'expliquer clairement. Son ami et les deux serviteurs n'eurent d'abord qu'une même idée, celle de mettre Damatien à couvert des conséquencet de cet événement; pour y parvenir ils employèrent le moyen laissé à leur disposition et que Clare et son camarade connaissaient aussi, tandis que Roquevel faisait jouer le ressort de communication qui appellerait de l'autre côté de l'issue, les hommes à eux, prêts sans doute à tout événement, John ouvrait le panneau, le faisait franchir par le marquis, qui encore égaré, agissait machinalement, et voyant que Catherine cherchait à le suivre, s'effaçait pour la laisser passer; si bien qu'elle et Damatien se trouvèrent seuls dans le corridor étroit, car les trois autres avaient cru inutile, et dangereux même, d'accompagner Damatien dans sa fuite prudente; ils devaient désormais servir de témoins dans cette affaire affreuse, au lieu de s'y voir réunis comme acteurs ou complices.

Dès que la boiserie eut été refermée soigneusement, et que toute marque de passage de Damatien eut disparu, Roquevel et les deux autres se rendirent dans la salle voisine où gisait étendu, non plus sir Olivier, mais son cadavre; car il paraissait de tout point complètement mort. Pendant que néanmoins on cherchait à le secourir, plusieurs autres coups de feu retentirent soit au dedans du château, vers les jardins, soit au dehors. Le trio, surpris de ce tumulte, n'en devinant pas la cause, vit par les fenêtres de cette pièce-là, qui s'ouvrait sur une cour, des lumières courir çà et là à tous les étages; des cris d'appel, des clameurs s'élevèrent aussi.

Uu peu de temps s'était écoulé, et Alfred, Clare et John allaient enfin sortir de leur appartement pour apprendre ce qui venait de s'y passer, lorsque des pas se firent entendre, on ouvrit la porte qui donnait sur le grand escalier, et l'on vit paraître le comte de Roquecourbe, son valet de chambre de confiance et les demoiselles de Sainte-Olive et Chouchou; le premier s'avançant prestement, vint embrasser le Parisien et lui dit :

— Ah! mon cher parent, il nous arrive n'est-ce point un malheur, un malheur très grand; ces brigands, ces contrebandiers, car ils jouent les deux rôles, ont attaqué nuitamment mon château, et mon hôte, sir Olivier Hamelstonn, a été la victime de ces infâmes... Où donc étiez-vous lorsqu'il a combattu ces coquins? Le secondiez-vous, ou bien n'êtes-vous accouru qu'après le meurtre commis?

A mesure que le comte de Roquecourbe parlait, ses regards et ses gestes indiquaient à son parent qu'il devait, de son côté, donner à cet événement là toute la tournure qu'il lui faisait prendre lui-même; après y avoir réfléchi, s'il eût eu connaissance des faits antérieurs, il aurait tâché de laver son ami de toute participation à cette mort, en la rejetant sur des voleurs étrangers; devait-il faire moins et agir autrement lorsque le maître du logis lui apportait son thême tout dressé. En conséquence, il raffermit sa voix et sa contenance, et abondant dans le sens de l'Amphitryon, il répliqua :

« — Je dormais profondément, ainsi que le marquis de Montare; nos serviteurs fidèles nous imitaient, tout à coup un cliquetis, des rumeurs étranges se sont fait entendre; on a tiré un coup de feu suivi de plusieurs autres; nous nous sommes levés, nous avons accouru vers ce lieu fatal, et nous avons rencontré cet... homme... sir Olivier déjà couché sur ce plancher, déjà même privé de la vie. Il nous a semblé apercevoir des assassins fuyant en nombre ; ils se sont perdus dans les ténèbres de la nuit.

Le comte se mit à faire l'éloge funèbre du défunt, à exagérer ses qualités sans nombre; à le représenter comme bon, serviable, humain et généreux; il oubliait, en parlant de lui, que peut-être la science pourrait le rappeler à l'existence; ce fut Roquevel qui l'en fit apercevoir, mais son cousin, hochant la tête, répondit :

— Il n'appartient plus à la terre des vivants; ce coup de pistolet, à bout portant sans doute, l'a bien tué, oui, bien tué..... Il ne faut plus s'occuper de son état actuel, il faut l'enlever et le venger.

— Mais monsieur, répliqua Roquevel, pourquoi désespérer; la nature a tant de ressources. La vie souvent se maintient là où on la croit pleinement disparue. Permettez que je tente un dernier effort.

— Point, point, répliqua le même, il est décédé, j'en suis certain... Laissez là ce cadavre, mons John... laissez-le... M'entendez-vous?... Je vous défends d'y toucher, devez-vous pousser à bout cette profanation... Ah!

— Ah!... répondit Roquevel en écho, car John, à qui Clare venait en dernier temps de prêter une main preste et habile, avait heureusement déboutonné le corps, et sans s'arrêter aux injonctions impérieuses que le comte lui adressait, avait écarté la chemise..... Alors on vit la poitrine nue percée de trois blessures anciennes, toutes les trois mortelles, vu leur position, sans tenir compte de la dernière faite par Damatien avec une main si sûre, et glisser le long des vêtements un fourreau richement orné de pierres précieuses que Roquevel reconnut être celui du poignard que sir Edgard Baronnet-d'Hertfort portait au jour funeste du duel qui lui avait coûté la vie.

Les yeux du Parisien se portèrent du cadavre sur ceux de Roquecourbe comme pour lui demander l'explication de cette particularité singulière. Le comte, feignant de ne pas comprendre ce regard, voulut en détourner les conséquences en disant, à son tour, à celui qui tenait toujours le fourreau :

« — Veuillez, mon parent, replacer sur le défunt l'objet riche qui lui appartient et qu'il faut que la justice y trouve lorsqu'elle viendra dresser le procès-verbal de cet événement déplorable. Oui, jetez cet ustensile inutile, et courons à la recherche des bandits contrebandiers, peut-être ils ne sont pas loin.

X

Roquevel pensa que ce n'était pas là le moment d'incidenter : il lui était trop agréable que les événements de tout-à-l'heure prissent une tournure telle, que son ami n'eût plus à courir la responsabilité de cette mort; pour contredire et quereller le comte de Roquecourbe, il se contenta de lui dire :

— Prenez garde, monsieur, que rien n'est

indifférent dans une circonstance pareille à celle-ci ; il faut qu'on veille sur le cadavre et sur tout ce qu'il porte. Allons en effet à la poursuite de nos ennemis, et toi, John, dit-il en s'adressant à son jeune Jockey, tu vas rester ici en sentinelle, et je te défends d'en bouger ni de souffrir que personne s'en approche, et le dépouille avant que le juge de paix ou d'instruction n'ait dressé le procès-verbal, inventorié tout ce qu'il porte et bien décrit des objets précieux, et cela de plus d'une manière. Allons, mon cousin, sortons.

Le comte parut vivement contrarié de ce qui venait d'être dit... Un dépit visible étincela dans ses yeux, et il fut sur le point de donner un ordre contraire; néanmoins il se retint après avoir médité un instant, et s'arrêtant au lieu de se laisser entraîner, comme le voulait Roquevel, et là prenant la parole :

— Mesdemoiselles, dit-il, devez-vous oublier la réclamation nouvelle que vous veniez en ambassade réclamer de mes hôtes élégants et galants?

— Qu'est-ce, mesdames? répondit Roquevel les devinant néanmoins, et bien résolu intérieurement à les tromper encore en cette affaire. Je serais trop heureux de pouvoir vous devenir agréable; mon ami pense et fera exactement comme moi.

— Eh bien! monsieur le vicomte, dit la danseuse Sainte-Olive, soyez assez aimable pour nous rendre la jeune insensée qui s'obstine à manquer aux engagements réciproquement pris entre nous, et qui à cet effet s'est nuitamment réfugiée dans votre chambre.

— Dans notre chambre! répéta Roquevel prenant un air étonné, et très certain que ses paroles ne seraient pas démenties; je ne vous comprends pas, mademoiselle... Laquelle? dit-il en s'interrompant; car comme il n'y en est venu aucune, je ne peux nommer celle qui, outre la légèreté que l'on reproche généralement aux bayadères, almées, odalisques, nymphes, baladines, mimes, danseuses, etc...

— C'est de mademoiselle Catherine dont il est question, mon bon parent, vous savez que son opiniâtre indélicatesse a failli élever une querelle fâcheuse tantôt entre nous; je me flatte que votre prudence ne tiendra pas à jeter encore dans mon château cette nouvelle pomme de discorde.

— Non, certes, je n'aurai pas cette folie; mais, je vous l'avoue, la dite nymphe, si elle est charmante, n'est pas moins coquette et peu fidèle. On peut la chercher librement dans les deux pièces particulières qui forment notre appartement; on peut les parcourir, ouvrir, fouiller dans les armoires, je réponds à l'avance que tous les lieux secrets sont vides d'elle.

— Quoi donc! n'est-elle point parmi vous? dit le comte avec anxiété.

— Non, je vous le jure sur l'honneur, peut-être est-elle encore dans le château, mais là, non... Qui sait, au demeurant, si elle n'a pas été rencontrée par les contrebandiers, et si ce ne sont pas eux qui, à tous leurs crimes, viennent de joindre celui du rapt.

Ce qui blesse et déplaît le plus aux méchants et aux fourbes, c'est lorsque nous les jouons avec leurs propres armes. Or, dans cette circonstance, le comte ayant ouï la réponse affirmative d'Alfred Roquevel, ne douta plus, dès ce moment, que la danseuse réclamée ne fut avec lui ou avec son compagnon; mais de quelle façon la trouver dorénavant? comment avouer que cette attaque des bandits était feinte, qu'aucun ne s'était présenté, ni dans le château, ni en dehors, de ceux qui pouvaient en ce moment errer dans la campagne environnante.

C'était un moyen employé avec une promptitude extrême par les complices du coupable sir Olivier, lorsqu'ils avaient appris spontanément sa déconvenue. Certes, ce qui eût été dans ce moment le plus désagréable à cette réunion, c'eût été que le marquis de Montare fut arrêté, et l'affaire criminellement poursuivie : afin d'éviter que l'on en vînt là, à la demande de Damatien lui-même, ou de son ami; on avait feint une surprise nocturne, on avait déchargé librement des armes à feu, poussé des cris, et, par là, fait croire aux convives, au gros des domestiques et aux alentours, que des brigands, ayant pu se glisser dans l'intérieur de *Castelfée;* un parti de ceux-là aurait rencontré malheureusement le voyageur anglais, lequel s'étant défendu avec bravoure, avait péri glorieusement après une lutte acharnée.

On savait, en outre, que nul des contrebandiers, d'ailleurs très innocents, ne serait saisi, que nulle confrontation ne serait faite, que nul débat n'aurait lieu ; dès-lors, le juge d'instruction bornerait son intervention à dresser un procès-verbal basé sur celui de l'adjoint de Tuchant, sans exiger l'exhumation du cadavre et il importait beaucoup que cela ne fut pas réclamé aucunement.

Dès-lors, de la part de Roquevel, attribuer la disparution de la danseuse à l'enlèvement qu'auraient pu en faire ces assaillants prétendus, c'était répondre à une mystification par une autre. Le comte savait parfaitement que Catherine enlevée n'avait pu l'être que par l'un des deux amis, si ce n'était pas tous les deux ensemble. Mais, d'un autre côté, on était rempli de cette conviction, il fallait admettre la version faite par les ravisseurs eux-mêmes et paraître croire que ces contrebandiers, qui n'avaient point paru, étaient ceux auxquels il fallait demander la danseuse.

D'une autre part, l'urbanité française et les usages du véritable grand monde, qui est despote dans tous les errements, interdisaient au comte de Roquecourbe non-seulement de se permettre de visiter la chambre de ses hôtes et celle de leurs valets, mais encore de manifester par signe, geste, propos ou autrement, la moindre défiance qui serait alors devenue une insulte.

Force fut donc au châtelain et à ses deux acolytes de retourner sur leurs pas; ils laissèrent le corps de l'Anglais sous la surveillance de John et du valet de chambre, et ils descendirent l'escalier d'honneur tandis que Clare rentrait avec la commission donnée à haute voix par l'ami de son maître, de prévenir celui-ci que l'on courait à la recherche des contrebandiers.

— Il est donc encore couché? demanda le comte.

— Oui, mon parent; hier au soir, après ce qui s'est passé, au lieu de se mettre au lit, il a lu et travaillé. A peine quittait-il le bureau où il écrivait, lorsque les bandits ont pénétré dans le château; il voulait se lever, je me suis opposé à son désir; je vois maintenant que sa présence me semble nécessaire. Clare le lui dira et nous l'amènera.

En effet, dès que l'ex-sergent de la garde impériale eut compris, que son maître n'avait de danger réel à courir, que si on ne le voyait pas, ou que s'il ne paraissait en aucun endroit; il s'était hâté de courir après lui en franchissant le passage secret, et y était parvenu, au bout de quelques minutes, comme s'il fût sorti d'une muraille ouverte à son passage.

Le lieu où Clare parvint était une chambre voûtée, éclairée par une lampe de fer à trois bouches ou becs de lumière; là on voyait une table couverte de bouteilles, de brocs et de gobelets sur des bancs placés autour; il y avait maintenant les manteaux, chapeaux et bonnets des domestiques ou gardes pris à leur solde par les deux amis; les hommes eux-mêmes, ainsi que le guide Regis Noran, environnaient un individu complètement évanoui : Clare reconnut son maître.

S'élancer vers lui, se mettre à ses genoux, s'enquêter de ce qui s'était passé, l'apprendre, l'enlever après dans ses bras robustes, fut l'affaire d'un moment; puis accompagné de Regis, d'Antoine Kernet, il ramena le marquis en suivant le chemin caché jusque dans le château, où il se hâta de le déposer sur le lit qu'il n'avait pas occupé encore. Cela fait, ses deux aides s'évadèrent à leur tour, et le lambris fut fermé soigneusement.

Roquevel, ignorant où le marquis s'était

rendu, ne sachant si Clare pourrait se démêler d'un corridor qu'il se figurait être un souterrain, labyrinthe véritable aux mille issues, Roquevel, dis-je, demeurait plongé dans une vive inquiétude qu'il tâchait de déguiser de son mieux. Les deux femmes se séparèrent peu après de lui et du comte; elles furent apprendre à leurs compagnes l'enlèvement ou la fuite positive de Catherine, qui semblait les intriguer beaucoup.

Incontinent tous les convives accoururent dans le salon principal, armés de leur mieux, chacun questionnant, tous s'étonnant que des miquelets, des tauréadors espagnols, des vagabonds de France eussent osé tenter un coup aussi majeur que l'attaque d'un château; acte insensé qui, réveillant la gendarmerie et l'autorité militaire, provoquerait sur ce point des mesures rigoureuses contre lesquelles ils se briseraient. L'assassinat de sir

Olivier constaté faisait un effet prodigieux; il consternait, il indignait les plus indifférents, et les portait tous à réclamer une vengeance prompte tellement terrible, qu'elle épouvantât les brigands de telle sorte, que l'envie et la volonté de le renouveler ne leur vînt pas de long-temps.

Des émissaires arrivaient successivement et de tous les points; certains affirmaient n'avoir rien vu ou rien appris, et ceux-là étaient dans leur bonne foi; d'autres rapportaient des bruits, des récits menteurs ou visiblement exagérés. A les entendre, les contrebandiers, au nombre de trois cents, bivouaquaient en guérillas armées prêtes à faire la guerre aux troupes royales espagnoles ou françaises.

Sur ces entrefaites, et lorsque chacun devisait de son mieux, Roquevel remarqua que le maître du château appelant en particulier un de ses domestiques, lui parlait bas et lui donnait un ordre que l'autre sortit comme s'il allait l'exécuter. Cinq minutes après, cet homme rentra, et élevant la voix, dit au comte de Roquecourbe que le marquis de Montare ne pouvait pas descendre, car depuis plus d'une heure il était dans un état singulier; un évanouissement profond qui le laissait comme insensible, et aucun secours médicinal ne le rappelait à l'existence.

De tous ceux qui ouïrent ce rapport, Roquevel fut celui qui en manifesta le plus de chagrin; il se tourna vers son parent, et lui dit: « Je vous demande pardon, mon cousin, si au milieu des émotions qui nous assiégent je me dérobe au faisceau que nous formons ensemble et qui doit les alléger, pour courir où m'attend un ami sans doute expirant; que lui sera-t-il arrivé à lui aussi? Je déclare ici, devant toute la société, que lorsque nous nous sommes séparés au moment où l'explosion des armes à feu s'est fait entendre, il était plein de vie et de santé; qu'a-t-il essuyé, que s'est-il passé depuis mon absence? je l'ignore, et je vais m'en informer; mais malheur à celui dont il sera tombé la victime, je jure par le ciel que je ne lui ferai pas quartier.»

Comme il sortait après avoir prononcé cette vive allocution, le chevalier de Lendre et le châtelain accoururent après lui; l'un le conjura de permettre qu'il l'accompagnât; l'autre, c'était M. de Roquecourbe, lui dit:

— Je vous ferai observer, mon cousin, que je me trouve singulièrement malheureux au milieu des tristes événements qui nous assaillent; voilà qu'un gentilhomme anglais, dont vous-même avez tué le frère en duel, est assassiné par des voleurs presque à la porte de votre chambre, et que le marquis de Montare, l'un de vos anciens témoins lors de cette funeste et ancienne affaire, se trouve maintenant dans un état si étrange, que j'en suis effrayé ; souffrez donc aussi que je vous accompagne et voie par moi-même l'état des choses et des lieux.

— J'allais, monsieur le comte, vous prier à mon tour de me suivre; je fais cette même requête à deux autres de ces messieurs; en attendant que le maire et le juge d'instruction se présentent; je tiens à faire constater comment sir Olivier, hier au soir trop malade pour ne pas pouvoir venir souper avec notre compagnie, est venu dans un appartement éloigné du sien, et à cinq heures du matin; comment il se trouvait là lorsque le premier coup de feu est parti; comment en outre des bandits ont pu pénétrer dans ce château, y assassiner quelqu'un, et en ressortir sans laisser aucune trace; comment enfin le fourreau d'une arme qui m'est apparue dans une circonstance fort critique, est dans ce moment sur le cadavre de sir Olivier, et fut caché sous ses vêtements, comme nous en avons eu tous la preuve positive.

— Oui, messieurs, dit encore le comte, j'espère que nous dévoilerons tout et que nous saurons aussi comment une jeune fille imprudente, faible et folle, a pu prendre la fuite sans laisser trace après elle, et lorsque déjà elle avait tenté de se mettre sous la protection du marquis de Montare.

— Eh! messieurs, dit alors le marquis de Ballac, serait-ce des récriminations? Quelle fureur entraîne des amis et des parents à se soupçonner réciproquement? Nous sommes tous ici des gens d'honneur, et certes il sera facile de s'accorder et de revenir à soi. Je vais, monsieur de Roquevel, vous suivre avec M. de Thézan; ce ne sera ni lui, ni Lenare, ni moi que l'on soupçonnera, la défiance ne peut vous atteindre, mon cher de Roquecourbe; et, bien qu'ils nous soient étrangers encore, messieurs de Montare et de Roquevel ont été précédés ici d'une estime qu'ils n'ont pas déméritée non plus.

Ces paroles conciliantes calmèrent le mécontentement qui s'élevait déjà parmi ces hommes délicats et susceptibles, touchant la pureté du point d'honneur. Comme l'on traversait la salle d'armes, on annonça le maire, c'est-à-dire le père de Regis Noran ; ce beau vieillard marchait un peu courbé, ses cheveux étaient blancs et flottaient en neige ondoyante sur ses larges épaules ; il était vêtu simplement, à l'ancienne mode, non pas en paysan, mais en riche bourgeois; il portait un immense chapeau blanc, et son écharpe ceignait ses reins.

Il s'approcha sans vanité puérile ni sans cette timidité servile que les simples villageois affectent trop souvent envers ceux qu'ils croient au-dessus d'eux; son fils le suivait; son fils, comme je l'ai fait connaître, confiant, élégant et simple élève de la nature, et qui néanmoins s'était donné des connaissances positives et un goût exquis; le tout puisé dans des sources excellentes, le peu de bons livres qui étaient tombés dans ses mains.

Le garde champêtre venait en troisième: ancien militaire, l'un de ces *grognards* de l'Empire, l'un de ces hommes de fer, au cœur de diamant, et néanmoins rempli d'amour au moins pour la personne sacrée de son empereur; les noms de *Napoléon*, de *Bonaparte*, du *premier consul*, de *Sa Majesté impériale et royale*, et surtout du *petit Caporal*, étaient toujours dans sa bouche; il ne voulait pas croire à Waterloo; et depuis que les Anglais, en 1814, avaient envahi temporairement le Midi, il prétendait que les communications étaient interceptées, que par conséquent la prise de Paris, la décheance, l'abdication, la captivité à l'île d'Elbe, celle plus horrible à Sainte-Hélène, étaient une suite de faussetés et de mensonges que les Anglais (occupant le Midi tandis que Napoléon conquérait la Chine) faisaient répandre, pour rassurer leurs partisans et empêcher des révoltes; et qu'afin de contenter les Languedociens, ils feignaient de régner au nom de Louis XVIII.

Le maire vint au châtelain et le salua avec une gravité simple et noble; puis il lui dit qu'il venait sur l'invitation à lui adressée, et qu'en même temps il s'étonnait d'une attaque des contrebandiers, attaque d'autant plus singulière, qu'on ne trouvait aucune marque de leur venue ni de leur retraite, sauf le meurtre commis, et ceci dans l'intérieur du château. Il s'enquêta, qui des habitants de celui-ci, maîtres ou domestiques, avaient vu et combattu les contrebandiers, à part toutefois la victime immolée; laquelle ne constatait que trop un pareil acte, par le sang dont elle était couverte.

Deux ou trois valets troublés et bégayant une leçon qui leur venait d'être faite, affirmèrent ; les uns, avoir rejeté une échelle dressée contre une muraille où des bandits montaient ; les autres avaient aperçu des hommes déguisés fuyant dans l'obscurité d'une galerie ou dans les ténèbres du jardin. Le valet de chambre du comte affirma avoir vu sir Olivier poursuivi par quatre scélérats ; le comte enfin, à l'ouïr, aurait empêché que la fenêtre de son cabinet, d'ailleurs presque toute brisée des conséquences du combat, ne fût ouverte, et il avait tiré, lui, plusieurs coups de pistolets.

XI

Le maire rédigeait son procès-verbal pendant le temps que le maître de la maison, avec MM. de Thézan, de Ballac et Lenare étaient montés dans la chambre du marquis de Montare; ils durent traverser la salle précédente où le cadavre de l'Anglais reposait. On l'avait placé sur une table changée en forme d'estrade à l'aide de draperies blanches et noires; il était presqu'entièrement couvert du linceul funèbre qui ne laissait à la vue que le visage et la poitrine horriblement percée par la balle qui l'avait frappée, et par, ai-je dit encore, trois autres anciennes blessures; une pâleur affreuse couvrait le visage; le sein et les mains se montraient blêmes; la colère et la haine, derniers sentiments qui eussent existé dans cet homme, rendaient ses traits hideux.

Le comte, qui marchait le premier, s'aperçut qu'à mesure que Roquevel s'approchait, l'une des anciennes blessures, la plus nouvelle après la dernière, prenait une teinte colorée, et que des gouttes de sang en suintaient; or, comme il n'entrait pas dans son plan que ce corps fût soumis à l'investigation de la justice, il se retourna vivement, et, entourant de ses bras le buste de Roquevel :

— Oh! mon cousin, dit-il, je vous en conjure, arrachez-moi à la vue horrible de mon ami assassiné, sortons de cette salle, où même il n'est pas convenable que l'on conserve ces restes infortunés.

QUATRIÈME PARTIE.

XII

Suite du précédent.

En même temps il entraînait ensemble et son parent et le marquis de Ballac ; lorsqu'ils furent tous les trois sur l'escalier, il se tourna vers le marquis de Ballac, et lui dit :

— Mon excellent voisin, rendez-moi un service dont je vous serai reconnaissant pendant toute ma vie ; descendez auprès du maire, faites-lui comprendre l'urgence d'enlever le corps de sir Olivier du lieu où il assiége l'appartement de deux de mes hôtes ; autrefois celui-ci (sa main désignait Roquevel) le priva de son frère : c'est presque un sacrilége de laisser cette victime sous le regard de qui a versé son sang. On devrait... et rien ne s'y oppose, dès que le maire aura fait sa vérification légale du fait de la mort, descendre le corps non à la chapelle où, comme protestant, il ne saurait entrer, mais sous le charnier du petit cimetière abandonné, il reposerait là jusqu'au jour de l'ensevelissement; le lieu est bien clos, on ne peut y entrer que par l'église, et certainement aucune place ne serait plus convenable.

M. de Ballac approuva de tout point le projet du châtelain, et pour le faire exécuter, il le quitta aussitôt. Dès qu'il eut descendu l'escalier et que les deux autres l'eurent accompagné jusqu'au premier pallier, le *primo piano* des Italiens, le comte bossu prit la main de Roquevel et le conduisit vers une petite porte qu'ils franchirent ensemble; après avoir traversé un corridor et deux chambres, ils montèrent un degré dérobé qui les conduisit dans la pièce où couchaient Clare et John, et en la parcourant, ils arrivèrent à celle où Damatien reposait encore inanimé.

Tuchant, chef-lieu de canton, possédait à cette époque, et possède sans doute encore, un médecin-chirurgien tout ensemble, homme de mérite, philantrope et savant éclairé; sa piété bienfaisante l'avait enlevé à Montpellier, où il eût continué une fortune considérable, pour venir protéger la santé des montagnards ses compatriotes. Appelé à *Castelfée* pour donner ses soins à sir Olivier, il y couchait depuis plusieurs jours; il avait été donc facile de l'amener au chevet du lit de Damatien : d'abord en passant dans l'autre salle, il s'était occupé du cadavre; mais au premier coup-d'œil, il avait reconnu que son art serait là impuissant : aussi l'avait-il tôt abandonné pour secourir le marquis.

— Eh bien! monsieur le docteur, lui dit Alfred avec angoisse, que se passe-t-il donc? Mon ami, tout à l'heure, se portait bien, sa santé me paraissait en aussi bel état que la mienne; est-il en péril? d'où naît cette insensibilité extérieure qui me brise l'âme et m'inspire une terreur que je ne peux dominer?

— La nature est étrange, monsieur, mystérieuse et pleine de caprices; comment la poursuivre dans ses voies bizarres et cachées? comment l'expliquer dans ses effets divers, tandis qu'elle ne nous permet pas d'atteindre à la connaissance de ses causes, bien qu'elle travaille et agisse en notre présence, pour nous et dans nous? Par exemple, voici un homme plein de force naturelle et d'énergie morale, me dit-on ; il n'est frappé d'aucune de ces maladies souveraines qui tuent et qui anéantissent ; il ne m'apparaît aucune désorganisation dangereuse ; eh bien ! voilà une demi-heure qu'il est sous l'empire d'un évanouissement sans pareil ; il vit sans doute, et néanmoins toutes les facultés de la vue, de l'ouïe, de l'odorat, du toucher, du goût sont anéanties ; il ne voit, ni n'entend, ni ne sent, ni ne marche, ni ne parle ; sa poitrine n'est pas oppressée et il ne respire pas ; en un mot, c'est la mort dans la vie, car je n'ose pas dire la vie dans la mort.

Roquevel suivait avec une anxiété inexprimable toutes les paroles du docteur ; il l'écoutait en proie à une souffrance atroce, et lorsqu'il l'eut vu se taire, lui s'écria :

— Au nom de DIEU, je vous conjure de me dire la vérité, je suis capable de la supporter ; mais il me la faut, et entière... Mon ami va-t-il expirer? reviendra-t-il? est-il sous l'empire de la paralysie? est-ce la catalepsie fatale qui l'étreint dans ses chaînes de fer.

— Monsieur, dit le docteur, c'est peut-être pire que ces maux divers, car je crains que ce soient tous ces maux ensemble... Néanmoins, et à mon tour, au nom de Dieu, vous dirai-je, ne désespérez pas, car la bonté du ciel est immense, et la vigueur qu'il a mise en nous est prodigieuse; votre ami peut guérir; il guérira même si je chasse la glace qui étreint son cœur. Voilà que l'on apporte à la fois tout ce que j'ai commandé, et nous allons voir merveille.

Le docteur achevait à peine que les pieds et les jambes du marquis étaient placés dans un bain à la moutarde, et dont l'eau avait été chauffée à la température la plus élevée possible; sur ses cuisses on posa des cinapismes ardents, et on enveloppa le reste du corps de couvertures de laine presque brûlantes, de couvre-pieds, d'édredons non moins confortables, et on lui fit avaler, cuiller par cuiller, du punch ardent et fortement épicé, tandis que l'on mettait dans ses mains des boules d'étain remplies d'eau bouillante.

Pendant que l'on disposait ainsi le malade, pendant que l'on laissait aux excitants le loisir de faire leur effet, préparatifs indispensables qu'Alfred de Roquevel suivait avec une attention affectueuse, le comte de Roquecourbe le prenant à part, lui dit :

— Vous devez reconnaître mon ami, cousin et présomptif héritier, pour vous parler par inversions à la manière du vicomte d'Arlincourt, l'auteur le plus rejouissant de l'époque, mais qui, en fait de ridicule, le cédera bientôt à quatre ou cinq à venir, et dont l'extravagance dépassera les bornes du délire ; vous devez reconnaître, dis-je, le soin que j'ai mis à sauver à votre ami les désagréments inséparables d'un combat nocturne livré sans témoin. Au lieu de faire peser sur lui le meurtre du baronnet sir Olivier Hamelstonn; j'en ai subtilement chargé d'honnêtes contrebandiers...

— Oui, dit Alfred qui ne craignit pas d'interrompre le comte, ceux-là même passés tout nouvellement à la solde de l'Anglais, et par le secours desquels il se flattait au contraire de me faire périr ainsi que cet ami. Le ciel, juste, a renversé son projet; il a été frappé de la main même d'une de ses victimes, et ceux à qui il devait commander notre meurtre, sont précisément les mêmes sur lesquels le sien pèsera.

Le châtelain bossu regarda celui qui parlait avec une stupéfaction inexprimable; puis essayant de disculper le baronnet, il se récria sur la calomnie qu'on lui débitait.

— Nous sommes bien informés, monsieur, reprit Roquevel, et à telles enseignes, qu'au moment de la vengeance ou celui de la vérité, nous nous chargeons de faire apparaître les témoins irréfragables qni certifieront tout ceci.

— J'en doute, assurément; j'en doute, fût-il répliqué par le comte d'un ton incertain; suffisant lui seul à convaincre Roquevel de l'exactitude des renseignements donnés par le fils philosophe du maire et meunier aussi, ne balança-t-il pas à ajouter :

— La trame de notre ennemi qui, au lieu d'être le frère utérin de sir Edgard-Hertfort, pourrait bien être le baronnet lui-même...

— Y songez-vous? Sir Hertfort! décédé depuis si long-temps...

— Comte, il se passe autour de nous des choses extraordinaires; comment se fait-il que Dæmatien d'abord, et moi ensuite, ayons reconnu positivement sur la poitrine de sir Olivier le coup d'épée dont j'avais tué le baronnet son frère?

— Oh! vous êtes dans l'erreur, des blessures se ressemblent, et celle dont vous parlez...

—Est la même, et non la pareille; la même, entendez-vous; et si vous en doutez, nous irons la vérifier et provoquer le phénomène de tout à l'heure que vous avez prudemment interrompu.

— Je ne vous comprends pas, mon cher.

— Quoi! n'avez-vous pas vu au moment où je m'approchais du cadave ou du semblant de cadavre, car maintenant je commence à croire que rien n'est vrai sur rien; n'avez-vous pas vu, aussi bien que moi, cette plaie ancienne, postérieure à deux autres plus vieilles, commencer à saigner lorsque je m'en approchais? Et vous, à l'aspect de ce prodige qui vous contrariait, ne m'avez-vous pas entraîné ailleurs pour le suspendre et l'interrompre à la fois?

Enfin, en ordonnant que sir Olivier, mort ou mourant, soit enlevé de la salle voisine et transporté dans un lieu écarté, n'avez-vous pas eu le désir de mettre obstacle à ce que ce miracle ou phénomène se renouvelle soit par mon fait, soit par celui de mon ami? Que répondrez-vous, que chercherez-vous à nier? la chose deviendrait impossible.

— Aussi ne le ferais-je pas, repartit vivement le comte. Je l'avoue sans y rien comprendre, j'ai vu, oui, vu ce prodige, il m'a confondu, il m'a épouvanté; j'ai craint qu'il n'éveillât les soupçons; que vous, cher neveu que j'affectionne tendrement, ne fussiez compromis dans cette méchante affaire; qu'elle n'embarrassât aussi votre ami; et, pour tout éviter, j'ai pris le parti que doit prendre un homme sage en occurrence pareille.

— Vous n'êtes donc pas ligué contre nous deux avec notre ennemi? demanda Roquevel, incertain maintenant de ce qu'il devait penser touchant les intentions secrètes de M. de Roquecourbe.

— L'avez-vous pu croire, vous mon parent, vous mon héritier? J'avoue que je porte moins d'amitié à votre marquis, et que j'étais rempli de tendresse pour le malheureux sir Olivier...

— Sir Hertfort, vous voulez dire.

— Non, non; mais bien le premier... En vérité, Alfred, je vous admire, vous renversez l'ordre des choses; c'est nous autres, gens du Midi, qui possédons le calme de caractère, et c'est vous et le marquis, enfants du Nord, qui, bouillants et superstitieux ensemble, faites les esprits crédules et admettez pour réelles, des impossibilités qui plaisent à votre imagination. Oui, sir Edgard, baronnet d'Hertfort, est trépassé, est bien défunt, je vous assure; et celui que cette nuit votre ami a tué, est non celui-là, mais son demi-frère, sir Olivier... Allons, cessez d'être crédule à ce point. Est-il possible qu'un homme tué renaisse? Pensez-vous, par exemple, que dorénavant vous et le marquis rencontrerez dans le monde cet individu mis à mort d'un coup de pistolet? De tels prodiges dépassent le pouvoir humain.

— Cependant, j'ai vu au château de Saissac...

— Vous avez rêvé là comme vous rêverez ailleurs, je vous l'assure, si vous vous figurez de nouveau vous retrouver en présence de sir Olivier, par exemple; allons, tenez-le bien pour défunt, et que ce ne soit pas vous seul avec votre ami qui alliez vous écrier à chaque ressemblance possible.

Les gens que *nous tuons* se portent à merveille *.

— Que cela soit clos sans retour, et n'y

* Vers du *Menteur*, de P. Corneille.

revenons pas. Maintenant, traitons une autre matière, et celle-là fort à propos; car il me semble que les excitants, que les réactifs de notre habile docteur opèrent victorieusement. Voyez, le marquis retourne à la vie, son teint se colore, ses paupières jouent, ses lèvres titillent; il se remuera bientôt. Or, comme il va vous être rendu, je crois qu'il est convenable que vous et moi, avec le docteur, le meilleur des hommes possibles, outre qu'il est savant médecin, veillions tous les trois autour du malade, en écartant les curieux, les indiscrets et les indifférents, de manière à ce que ses premières paroles ne nuisent pas au mystère dont il faut couvrir l'acte sanglant dont ces murs ont été le témoin; empêchons M. de Montare de parler; et en même temps, puisque vous m'avez juré ne pas savoir où est cachée ou retenue la danseuse que ses compagnes réclament et qui ne peut disparaître ainsi; car il nous la faut, il faut absolument qu'elle nous soit rendue. Quel droit peut-il s'arroger sur elle? une fille... publique... inconnue...

— Le pensez-vous, comte? et ne la calomniez-vous pas en la comparant aux Sainte-Olive, Châteauloup, Chouchou?...

Roquevel ici s'interrompit, et se rapprocha rapidement de son noble ami.

XIII

Les médicaments employés par le docteur avec un art habile venaient d'obtenir un effet prodigieux ; le sang, presque glacé dans les canaux qui fournissent des passages à sa circulation, interrompu par une cause puissante qui avait instantanément frappé de froid excessif toutes les parties du corps, réchauffé de nouveau, recommençait à couler en goutelettes, et avant peu il aurait forcément repris sa chaleur naturelle.

Déjà on obtenait des preuves positives de ce nouvel état de choses; la poitrine immobile se soulevait et retombait alternativement; on voyait au-dessus des mains, au front et sur les joues des teintes rosées qui, se fonçant d'instants en instants, chassaient plus qu'à demi la pâleur effrayante et verdâtre, signe presque toujours infaillible d'une prochaine mort, si même elle n'était pas le gage de la présence de celle-ci. Les lèvres non-seulement frémissaient, mais plus encore elles se remuaient; les paupières essayaient de se rouvrir... Bientôt même elles se soulevèrent; et à la joie inexprimable de Roquevel, de Clare, de John, et à la douleur poignante, quoique cachée du maître de la maison, voici qu'un rayon brillant de vie illumina les yeux... Le malade était sauvé.

— Damatien, mon cher ami, mon camarade d'enfance et compagnon de ma jeunesse, comment te sens-tu? es-tu mieux? puis-je, dois-je espérer? Oh! parle!..... parle donc!.....

— Et vous tous! qu'on me laisse... Non, je ne me lèverai point lorsque la joie m'étouffe, lorsque les angoisses de l'incertitude ne me laissent pas respirer!

En effet, le docteur, Clare et John, craignant une rechute, une émotion trop violente, essayaient de séparer les deux amis... Efforts impuissants; Roquevel, prosterné sur le lambris, pleurant à chaudes larmes, avait saisi une main du marquis, et la baisant en forcené, résistait à toute prière, à toute instance qui lui était faite par Clare, le médecin, le comte, le chevalier de Lenare et le marquis de Thezan, pour l'arracher d'auprès du malade. Les efforts réunis eurent encore moins de succès, lorsque Damatien, dont le visage se couvrit tout à coup d'une rougeur épaisse, dont le regard étincela, se mit à dire, d'une voix faible, il est vrai :

— Albert, mon ami, ne me quitte point, ne t'éloigne point surtout, reste là... oui, là, tout contre moi... (Et puis baissant encore l'inflexion.) Ah! sauve-moi de ma peur!... Amis, je crains qu'elle ne revienne.

— Qui? demanda Roquevel à l'oreille du marquis.

— Elle, l'ancienne Jeannette, la nouvelle Catherine... une morte enfin que par une horrible puissance... Ah! comme nous sommes redevables au saint prêtre qui nous a donné la relique auguste et privilégiée du bois sacré de la croix du Rédempteur!

— Monsieur le marquis, s'écria le médecin impérieusement avec ce ton de conviction puissante dont ce roi absolu parle à ses sujets pour leur bien, monsieur le marquis, je vous ordonne de vous taire; patientez encore pendant quelques minutes, ce silence cessera bientôt.

Je ne connais pas de royauté mieux établie et plus respectable que celle-ci, surtout lorsque le Monarque l'est depuis vingt à vingt-cinq ans; un bon et vieux médecin est véritablement le père de ses malades; il lit dans leur corps, sait leur tempéramment, et ne leur commande que dans leur intérêt. On peut rire et plaisanter des médecins, il y a dans leur nombre des ignorants et des avares; mais heureux celui qui rencontre un homme de vraie science, un homme qui sait apprécier ce qu'il nous faut, ce qui nous est contraire, qui par attachement à notre santé; sauveur de nos enfants, soutien de nous-même, acquiert chaque jour des droits à notre reconnaissance et à notre affectueuse amitié. Ainsi, mon cœur jusqu'à ses derniers battements conservera le souvenir de l'habileté prodigieuse avec laquelle le docteur Ducasse, à Toulouse, en 1818, sauva, avec l'aide de Dieu, et par sa permission, d'une mort prochaine et certaine, mon jeune fils abandonné de tous les médecins habiles de Toulouse qui avaient unanimement prononcé sa condamnation. Mon ami Ducasse, seul comptant en lui, ne céda pas à la maladie, et par une combinaison admirable, fit une cure si prodigieuse, que dans les siècles antérieurs on l'aurait pris pour sorcier, tandis qu'il n'était que maître consommé en son art. Au reste, l'état de cet enfant, âgé de vingt-huit mois environ, était si désespéré, que tous ceux qui l'environnaient crurent que son retour à la vie provenait de l'intercession de sainte Germaine, bergère béatifiée dans le Languedoc, et à laquelle on avait en effet voué l'enfant. Que la Providence et le docteur, son instrument, trouvent ici, après vingt-trois ans, l'expression de ma vive gratitude.

Damatien obéit donc, et Albert le pria de suspendre ses confidences; mais d'autre part, et afin de le satisfaire, il s'assit sur le lit géant, tel qu'on en rencontre encore dans les vieilles maisons de ces contrées; et pour rassurer son ami, il s'attacha à prendre sa main dans les siennes et à ne pas s'en détacher.

Cependant l'énergie, naturelle à la jeunesse, la force que la nature a mise dans l'homme nouvellement sorti de l'adolescence, complétèrent rapidement la réaction; la chaleur dévorante et factice entretenue sur toutes les portions du corps de Damatien, vainquit complètement le froid absorbant qui s'était emparé de tout son intérieur. Le sang, ai-je dit, pleinement dégelé, circula victorieusement, et le malade, débarrassé de cette froide atmosphère interne, se mit en rapport égal avec celle de l'intérieur. Dès-lors entièrement revenu à lui, libre de ses mouvements, il put allonger ses jambes et étendre ses bras en faisant jouer les doigts de ses mains.

Son premier soin fut, grâce à son urbanité, de remercier le docteur et tous ceux qui, obéissant à ce dernier, avaient contribué à l'arracher au péril qu'il courait, et dans lequel l'avait précipité une cause extraordinaire sans doute, et réellement surnaturelle. Clare et John eurent part à ses paroles bienveillantes; il les étendit même jusqu'au comte, bien que dans sa conscience il demeurât convaincu de ne lui rien devoir. Le monde est ainsi réglé, l'homme ne peut librement énoncer, exprimer ce qu'il pense; il doit même, lorsqu'il a dans son cœur une conviction contraire, la dissimuler et parler contre elle-même; car mille causes incidentes l'entraînent, le gouvernent et le forcent de mentir à la vérité.

Sur ces entrefaites, le maire, instruit que le marquis de Montare avait repris le libre exercice de sa raison, fit connaître son désir de l'entendre à son tour; l'évanouissement sans exemple dont il sortait, pouvait se rattacher naturellement aux événements de la nuit dernière; il désira donc l'interroger et coucher ses réponses sur son procès-verbal.

Peut-être le magistrat campagnard se serait dispensé de cette corvée et aurait négligé d'ajouter une surcharge à son procès-verbal, s'il n'y eût été invité par son fils Regis; ce jeune homme désireux de connaître l'état actuel du marquis, et afin d'avoir un prétexte légal pour entrer dans le château à sa pleine volonté, quand cela lui conviendrait, et même y séjourner, pour peu que cela lui parût convenable et utile. En conséquence, il avait soufflé à son père ce qu'il devait dire et faire, et ce qu'en réalité il fit et dit.

Le meunier Noran, que Regis ne quittait point parut. Avant qu'il fut entré dans la chambre, Alfred, penché à l'oreille de son ami, lui avait appris de quelle manière, dans l'intérêt commun, à ce qu'il croyait, le comte de Roquecourbe avait détourné sur des contrebandiers catalans et aragonnais le fruit du meurtre de sir Olivier ; que par conséquent il conviendrait de ne pas le démentir, en s'accusant soi-même.

Le marquis, que d'ailleurs cette tournure donnée à la chose débarrassait de tous tracas, de toute instruction judiciaire toujours lente, et généralement plus âpre et plus malveillante envers un étranger ; accepta ce moyen déclinatoire, qui abrégeait d'ailleurs l'affaire ; il fit attention que s'il voulait raconter l'événement comme il s'était réellement passé, il devait alors parler de Catherine, et il se sentait incapable dans ce moment de donner de sang-froid des détails incroyables, vrais néanmoins, et auxquels toutefois des magistrats ne voudraient pas croire, à moins qu'il ne leur administrât des preuves sans réplique et telles, que peut-être à cette heure il ne pouvait ou ne voulait pas donner. Or, en acceptant le thème dressé, il parait à tout, et demeurait, lui, maître de faire plus tard prendre à l'affaire la tournure et la marche qu'il voudrait bien lui donner.

Donc, lorsque le maire s'étant approché de son lit, lui eut demandé ce qu'il avait vu ou entendu pendant cette nuit aux aventures, ce que lui-même avait fait lors de l'irruption des brigands? il répondit que le profond évanouissement dans lequel il était tombé avait tellement effacé tous ses souvenirs, qu'il se rappelait uniquement qu'attiré hors de son lit par un tumulte inusité, il avait lutté momentanément avec un ennemi mieux armé, mieux équipé que lui, et surtout mieux préparé au combat; qu'il ne pouvait ni désigner la personne, ni le nombre, que par degré ses yeux se sont fermés, que ses facultés humaines se sont perdues, et qu'il est tombé dans une insensibilité complète dont il n'est sorti que maintenant.

Sans approfondir, sans épiloguer sa déposition, le comte et ses gens s'en servirent pour appuyer le système qu'ils avaient émis, celui d'une invasion du dehors. On eut, avec le témoignage du marquis, une preuve nouvelle que des contrebandiers s'étaient déjà introduits dans le château, puisque M. de Montare leur avait livré bataille. Cette forme de récit, couchée sur le procès-verbal, le clôtura; il y fut inséré presque pour la forme, l'incident assez simple, de la fuite (car quel autre nom y donner); de la fuite, dis-je, d'une figurante, danseuse du théâtre de Montpellier.

Le comte, les témoins avaient signé, ainsi que le maire; le premier, satisfait de la manière dont tout avait été disposé, se flattait de voir tout fini; lorsque le maire, que son fils avait à deux reprises tiré par la basque de son habit, et excité d'un regard ferme, se mit au milieu du cercle et fit signe qu'il voulait être écouté. Chacun, à ce geste, et surpris et curieux d'apprendre quel autre incident ressortirait de cette manifestation d'autorité, se recula, s'arrondit en cercle que le magistrat domina réellement.

—Monsieur le comte de Roquecourbe, dit-il, vous et les nobles personnes invitées à venir prendre leur part des amusements de ce château; avez vu cette nuit troubler d'une façon pénible votre repos et votre joie; des coquins ont tenté de piller ce lieu. Qui sait à quel excès ils eussent poussé leur audace cruelle ; ils ont fui, mais en laissant, par un meurtre, la preuve fatale de ce passage. Ce crime a porté non sur un compatriote, mais sur un étranger, sur un membre de la pairie anglaise que ces brigands ont tué. Je m'oppose, dans votre intérêt, monsieur le comte, dans celui de vos hôtes, dans celui encore de la famille anglaise, qui a perdu si fatalement un de ses membres, à ce qu'il soit procédé, tout de suite, ou dans le délai voulu par la loi française ou aucunement, enfin, à l'inhumation du corps défunt que l'on vient de transporter de la place où le meurtre a été commis dans le charnier de l'ancien cimetière abandonné. Il restera là exposé à l'air extérieur jusqu'au moment que le procureur-général de la Cour royale de Montpellier aura fait connaître ce qu'il faut faire de ce cadavre. Or, comme la loi prescrit dans les cas approximants que l'objet dont la disposition précaire est suspendue, soit confié à la surveillance d'un homme choisi exprès par l'autorité compétente, je nomme pour garde-sequestre, lequel exercera ses fonctions gratuitement, notre fils et administré Regis Noran, lequel habitera dans le château la chambre la plus proche du préau, et la mieux disposée pour qu'il puisse voir et surveiller celui-ci.

L'assemblée donna sa pleine approbation à la mesure sage du maire, sauf toutefois le maître de la maison, qui avait écouté avec anxiété le propos du magistrat rural, attendant sa conclusion non sans inquiétude. Mais aussitôt qu'il l'eut formulée, il s'écria que la chose était inconvenable, que la dissolution rapide des chairs infecterait les environs; qu'un corps aussi certainement décédé devait être rendu sans retard à la terre; que c'était enfin le charger, lui, d'une responsabilité pénible, fâcheuse et dégoûtante. « Je vous ferai observer monsieur le maire, que j'ai ici déjà des dames ; que d'autres, et pour cette fois des meilleures familles du pays, arriveront aujourd'hui même, ou la nuit prochaine, ou le jour suivant au plus tard. Quel étrange bouquet à leur offrir ! quel horrible compagnon de société à leur donner ! Comment supporteront-elles cette odieuse et fatale présence ? Certes (poursuivit-il), nul plus que moi ne regrette le défunt ; il était mon ami, comme chacun sait, mon hôte depuis assez long-temps ; nous nous étions promis une amitié réciproque. Eh bien ! au lieu de faire disparaître de mes yeux ce spectacle affligeant, propre à nourrir ma douleur, à la renouveler même, il faudra qu'elle frappe mes regards pendant un temps indéterminé. J'ajouterai même, et ceci doit être concluant, qu'un duel a eu lieu entre le défunt et un des hommes qui se trouvera chez moî avec lui. Ne serait-ce point encore plus inconvenant, le chagrin du survivant s'en accroîtra? Et lui, ne semblera-t-il pas braver l'autre? Ce sera presque comme don Juan et la statue du Commandeur. Nous sera-t-il permis en outre de rire, de festiner, de jouer la comédie selon que nous en avons le projet? Oh! en vérité, notre joie sera un sacrilége et une impiété, en rapprochement de ce cadavre. Je conjure donc monsieur le maire de permettre qu'on l'ensevelisse quelque part, n'importe, sauf à l'exhumer plus tard. »

La compagnie, déjà rassemblée chez le comte de Roquecourbe, éclairée par son discours, déclara penser entièrement comme lui, et demanda qu'en effet le corps mort fût enlevé et soustrait aux regards des chrétiens qui auraient pour insupportable son voisinage. Le maire, lui-même ébranlé par les instances, les observations et les prières des marquis de Thezan, de Ballac et des autres convives non moins considérables, et n'étant pas soutenu par son fils, qui n'osait ouvertement lutter contre l'assentiment universel, allait en effet céder et révoquer son ordre, lorsqu'un incident auquel nul ne s'attendait vint inopinément imprimer à la question une nouvelle face.

On entendit marcher pesamment dans la salle précédente, celle où le meurtre avait été commis, et chacun s'étant tourné, on vit entrer un homme de haute taille légèrement voûté; ses traits nobles paraissaient fatigués; sa marche, quoique lourde et lente, était ferme; une ample barbe blanchâtre flottait sur sa poitrine; il portait en entier le costume inusité des religieux de l'ordre de Saint-Benoît; un rosaire de bois d'ébène et d'ivoire pendait à sa ceinture, et il s'appuyait sur un bâton d'épine, gros, noir, luisant et noueux; une femme le suivait, une femme jeune encore, présuma-t-on, en jugeant d'après sa taille, la blancheur, la petitesse et l'élégance gracieuse de ses deux mains, vêtue également en religieuse bénédictine dans toute l'exacte rigueur du costume; elle avait le visage entièrement caché par un voile blanc solidement attaché du haut et du bas; en toile fine, mais néanmoins trop épaisse pour qu'elle permît de voir au travers; trois fentes étroites et ménagées plus bas que les yeux et que la bouche, permettaient de se conduire en regardant obliquement la terre, et de respirer quelque peu. Ce ne fut pas sans une surprise mêlée de terreur invincible, qu'on lui vit dans les mains jointes une petite croix d'ébène, et sur la tête, par-dessus le voile et les coiffes, une guirlande blanche, telles l'une et l'autre que dans certains monastère on en met aux religieuses qui meurent dans leur sainte virginité.

XIV

J'aurais de la peine à exprimer tout ce qu'éprouva la compagnie à la vue de deux personnes si singulières dans leur accoutrement, et si inattendues ; la manière surtout dont la jeune fille glissait plutôt qu'elle ne marchait, et qui rappelait au souvenir ce qu'il y a de plus épouvantable ; car c'était comme l'animation d'une trépassée. Tout cela, dis-je, ne fut rien auprès de la sensation sans pareille qu'éprouva le marquis de Montare, lui qui venait, dans le premier instant, de reconnaître dans le moine de Saint-Benoît le fantôme du leude Arnould, duc, possesseur passé du château de Saissac; enfin le comptenteur éternel de l'*Homme détestable de la Nuit.*

Dès que Damatien eût aperçu cette physionomie si bien imprimée dans sa mémoire, bien qu'il ne l'eût pas revue depuis son séjour dans le castel enchanté et maudit, il poussa involontairement un cri, leva les bras en l'air, allait parler; mais un coup-d'œil, un éclair vivant partit de dessous les paupières d'Arnould pour pénétrer dans les prunelles du marquis; ce dernier subjugué, anéanti, cessa de manifester son étonnement, convaincu en outre que la présence du fantôme repenti ne pouvait qu'être avantageuse à la bonne cause. Il se vainquit, ramena la paix sur sa figure, et se contenta de presser en silence la main de Roquevel, comme pour le préparer par là à quelque nouvelle surprise.

Au moment où ces deux étrangers, revêtus d'un costume si peu familier à la génération qui commençait le dix-huitième siècle, eurent paru, le maire, comme nous le disions, était sur le point de céder à la requête du comte de Roquecourbe et des autres gentilshommes rassemblés chez lui, et par conséquent allait commander que les restes de l'Anglais fussent ensevelis. Quand on vit le moine et la religieuse, aucune pensée que la présence de l'un et de l'autre se rattachât à ce premier fait; on la regarda uniquement comme une épisode qui amènerait simplement quelque diversité dans un sujet presque épuisé; aussi l'étonnement ne fut pas médiocre lorsque le vieillard, s'avançant un peu plus et d'un pas majestueux, fit entendre ces paroles prononcées avec une voix claire, puissante et ferme.

— Maire de Tuchant, je viens à ton aide; l'inhumation précipitée ou la présence hors de terre du cadavre qui maintenant afflige ce château, n'est pas aussi indifférente qu'il semble au premier abord; apprends qu'il y a des gens intéressés à les faire disparaître promptement, et ceux qui le voudraient voir à l'écart et oublié du monde, ne me comprennent que trop... Non, tu ne dois pas, toi, magistrat, et n'importe quelque raison qu'on te donne ou sollicitation qu'on t'adresse, consentir à ce qu'il soit inhumé avant le terme que toi-même avait si prudemment fixé. En outre, et pour couper court à toute intrigue, à tout acte prétendu légal, à toute injonction supérieure qu'on pourrait par machination t'adresser ou te signifier, voici que je vais moi-même, au nom de monseigneur Ferdinand de la Porte, révérendissime père en Dieu et évêque de Carcassonne, archevêque nommé d'Auch, te signifier et te remettre une ordonnance pastorale de monseigneur, en date d'un mois, et qui est approuvée, en ce qui concerne le concours de l'administration, par M. Cromot de Frougy, conseiller d'État et préfet du département de l'Aude ; par laquelle ce prélat interdit expressément toute inhumation précipitée d'étranger catholique ou hérétique, lorsque la mort a été violente, jusqu'à ce que le consul le plus proche, institué et placé de la nation du défunt, aura fait la visite du corps. En conséquence, celui-ci attendra au lieu où il est maintenant que le consul anglais, qui est à Adge, décide ce qu'il aura à faire; à moins toutefois qu'une décomposition trop prompte n'oblige à un enterrement nécessité dans l'intérêt de tes administrés. Voici ladite ordonnance, prends-la et veille à son exécution.

Damatien n'avait pas été seul à reconnaître

le pénitent Arnould ; celui-ci, sans doute, devait être connu du comte de Roquecourbe ; car aussitôt qu'il l'eût envisagé, ce dernier pâlit affreusement, frissonna dans tous ses membres ; une colère, mélangée à une terreur non moins violente, couvrit sa physionomie, et malgré ses efforts, ses dents claquèrent étrangement. Néanmoins il se contint, nul ne faisait attention à lui, si bien tous les regards se portaient vers le groupe nouveau venu, sauf toutefois Damatien qui distingua tout ce que nous venons de décrire ; aussi ne fût-il pas surpris lorsque le comte, aux derniers mots du moine, prenant vivement la parole, s'écria :

— Mais nous sommes dans le cas prévu par l'ordonnance épiscopale ; l'état de l'atmosphère amène une prompte décomposition : le corps se corrompt déjà.

— Cela n'est pas vrai, repartit durement le

moine, et qui plus est, cela ne sera même pas : vous le savez bien, vous qui affirmez le contraire; il est impossible que le corps se putréfie... Maintenant, poursuivit le bénédictin, que la première partie de mon rôle est remplie, je passe à la seconde. Monsieur le maire, en ma qualité incontestable de moine indigne de l'ordre religieux de saint Benoît, et en celle de l'humble religieuse qui me suit, je réclame en son nom et au mien la faveur précieuse de prier nuit et jour, sans relâche, sur ce corps d'hérétique, mort peut-être néanmoins dans la grâce du Seigneur, et néanmoins privé de sépulture chrétienne momentanément et peut-être plus tard, par son schisme.

— Toi, veiller dans mon préau, toi, dominer ici, s'écria le comte égaré par une rage croissante?

— Eh! monsieur de Roquecourbe, dit le sage et pieux curé de Tuchant qui survenait à ce moment même, ou qui, arrivé un peu après le maire, attendait, à l'écart, l'occasion d'entrer, surpris, comme toute la compagnie présente, du tutoiement de mépris et du ton inconvenant dont le châtelain bossu parlait à un moine âgé, avait cru devoir intervenir. Eh, monsieur! pourquoi vous opposer à une chose si bonne et si naturelle; certainement la veille sera consacrée; le père consent à la présider; cependant, lui et ma sainte sœur, sa compagne, m'accorderont la grâce que je leur demande ardemment, celle de m'accompagner dans mon humble presbytère, d'y prendre leur réfection; j'ose leur y promettre, non une abondance et un luxe pareil à celui de ce château; mais en revanche ils y trouveront une cordialité sincère et un vif désir de les bien recevoir.

— Je vous remercie, monsieur le curé, répondit le moine, je vous remercie pour ma sœur et pour moi ; en venant ici, l'un et l'autre nous avons cédé à une volonté supérieure qui nous gouverne, qui touche les autres cœurs sans échouer même dans son attaque contre celui de cet homme (*le doigt d'Arnould désigna ici Roquecourbe*); il me déteste, je le sais... néanmoins il ne se refusera pas à me faire préparer tout contre le préau, dans les corps-de-logis qui l'avoisinent, une et deux chambres pour cette enfant et pour moi ; il sait, lui, que nulle nourriture préparée par la main des pécheurs, ne peut nous convenir ; nous nous fourniront par nous-mêmes de celle dont nous avons besoin. Quant à toi, Regis Noran, puisque ton père t'a désigné, sois aussi séquestre de ton côté ; mais sans venir à nous ; sans t'approcher de nos chambres ; sans nous parler enfin... Il est possible que tu voies... des choses, là, bien faites pour te faire rentrer en toi-même ; crois-moi, arme-toi de foi, de piété et de courage... Toi (*et sa main désigna encore Roquecourbe*), va faire disposer ce qu'il nous faut. Suivez-nous, monsieur le curé... et vous autres, restez... Dieu le veut.

Damatien, toujours le regard attaché sur le pénitent mystérieux, se mit à dire en le voyant s'éloigner :

— Oh ! monsieur... ô mon père... je vous en supplie, ne me quittez pas ainsi ; j'ai à vous parler, il le faut ; m'abandonnerez-vous ainsi, vénérable Arnould ?

— Arnould ! s'écria le comte presque en rugissant ; Arnould !..... Qui a prononcé ce nom qui est admis à ce secret ?... Qui ?...

— Prenez garde, répliqua Roquevel en l'interrompant ; que M. le marquis de Montare est votre hôte, qu'il est souffrant, et que vous lui parlez d'un ton...

— Cousin, excusez ma faute ; que lui aussi me la pardonne. Aucun de vous deux ne pouvez comprendre quelle importance a pour moi ce nom.

— Je devine, monsieur, repartit Damatien, tout ce qu'il doit produire d'effet sur vous. Le malheureux Bozon...

— Encore! encore!... Ah! ah! tout est donc dévoilé... Que veux-t-on? une guerre ouverte. Eh bien...

— Tais-toi, dit impérieusement au comte le moine qui était revenu sur ses pas pour lui donner cet avertissement; ne vois-tu pas que tu vas apprendre ce que tu dois taire... Malheureux, ce sera moi encore qui te sauverai.

Cette dernière partie du dialogue, dite à voix basse, n'avait été entendue que des intéressés; Regis Noran était, lui aussi, comme les autres, demeuré en arrière; il profita de la confusion que tant d'incidents bizarres avaient apporté dans la compagnie, pour se rapprocher prestement du lit sur lequel la volonté expresse du médecin retenait encore le marquis; et se penchant vers ce dernier, il lui dit que le reste de son monde venait d'arriver de Carcassonne, puis ajouta vivement :

— Vous et votre ami pouvez désormais demeurer, sans aucune crainte, dans ce château mystérieux, ouvert, certes, à des actes bien étranges; j'y suis introduit, et je vous proteste que nul ne tentera rien contre vous deux que je n'en aie vent sur l'heure, et que je ne le prévienne durement.

Il allait poursuivre... Son père l'appela; il fut contraint de le suivre. Quant à Roquevel, il avait accompagné le religieux et la religieuse inconnue jusqu'à la porte. A peine y était-il arrivé, que la voix de Damatien, fortement accentuée par l'effroi, s'éleva en le conjurant de ne pas l'abandonner, et lui, quittant les nouveaux venus, le maire, son fils, le comte et le reste de la compagnie, retourna auprès de son ami.

Déjà les regards de ce dernier s'étaient plaints de son absence ; on aurait dit que désormais il ne pourrait se passer de lui. Cependant, depuis que le marquis avait cru voir ou avait vu Arnould, l'ancien pénitent, la frayeur que naguère il témoignait semblait quelque peu diminuer. Roquevel s'étant donc avancé jusqu'au lit ou Damatien était couché encore, celui-ci lui dit de lui donner la main ; car il voulait se lever.

— Te lever, y songes-tu... toi?

—Oui, sans doute, les terribles événements de la nuit passée m'avaient abattu et avec raison, car tu ne peux comprendre ce que j'ai vu, ce qui s'est passé. Maintenant j'ai repris de la force ; il me semble que je me porte aussi bien qu'auparavant.

— Les remèdes du docteur, et l'application

des arcanes de sa science sont-ils donc parvenus à faire un miracle?

— Oui, quand il a été question de me rappeler à la vie; mais cela n'eût pas suffi : depuis il a fallu autre chose pour me ranimer... Soyons ici sans crainte dorénavant, nous y avons un protecteur supérieur à tout ennemi extraordinaire.

— Je devine, repartit Roquevel : le moine qui vient de venir...

— Lui-même ne me demande encore rien sur son compte; plus tard tu sauras tout.

— Soit; garde ceci en secret profond. Mais ne pourrai-je savoir la cause de ton évanouissement profond?

— Je ne la cacherai pas à mon ami : écoute, et juge si j'ai faibli mal à propos.

Ici, les deux amis s'assirent sur un canapé, se tenant la main l'une dans l'autre; et le marquis de Montare parla ainsi :

— Je dois, pour me faire mieux entendre, prendre mon récit de haut :

« Ayant entendu dans la chambre voisine du bruit pendant que tu dormais, et lorsque je venais d'achever la lecture de cette histoire bizarre qui se rattache au château de Saissac, je me hâtai d'ouvrir ma porte, et je vis cette Catherine, qui déjà avait failli nous brouiller avec le maître de céans; elle me conjura de la faire sortir du château par une issue que je connaissais, dit-elle, et que ses persécuteurs ignoraient. J'aurais dû obtempérer d'abord à sa requête; mais poussé par une curiosité inutile, et la soupçonnant, je l'avoue, un être de l'autre monde, je m'obstinai à vouloir obtenir d'elle-même l'aveu de la réalité de son existence sacrilége, désir que je n'aurais pas dû former; je perdis du temps, elle en laissa passer en hésitant de me répondre, et au moment où elle allait avouer la vérité, sir Olivier m'apparut... Sous quel aspect, grand Dieu! Non, ce n'était pas un homme fait comme nous : c'était un être échappé des tombeaux qui, poussé par je ne sais quelle rage, tenta de me faire périr en me perçant au cœur d'un coup de couteau; alors, plus preste que lui, je saisis un pistolet que J'avais déposé sur une table, et le prévenant, je l'étendis raide mort. Tu me vis rentrer égaré et ayant perdu la tête. Toi et nos gens me dirigèrent vers l'issue cachée qui conduit à la demeure de Regis Noran. Je marchai d'après votre direction, sans savoir qui me suivait et qui me précédait peut-être.

« Parvenu dans la salle où veillaient les hommes que nous nous étions attachés, eux s'empressèrent de m'ouvrir une chambre voisine où ils me montrèrent un lit et une table dressée, couverte de viandes froides, de laitages parfumés et de fruits savoureux. Troublé du coup terrible que je venais de frapper, je ne me sentais ni besoin ni faim; cependant, je m'assis machinalement, je voulus prendre un abricot jaune et parfumé, et au lieu de le porter à la bouche, je le roulai dans mes doigts sans m'apercevoir que je l'écrasais.

« Dans le moment, mon oreille fut frappée par le murmure léger d'un soupir. Disposé à ne voir autour de moi que des prodiges, que des scènes sanglantes, et dans cette occurrence je m'imaginai que le fantôme de sir Olivier me poursuivait dans sa rage vengeresse; qu'il était derrière moi, inexorable, et qu'une lutte horrible tarderait peu à s'élever entre nous. Exaspéré, furieux même de cette rencontre qui me mettait au désespoir, je saisis un couteau à manche de nacre que je trouvai à portée de ma main; je m'élançai prestement; et quelle fût mon effroyable surprise, c'était Catherine, c'était encore cette infortunée, vêtue comme auparavant; aussi mélancolique et aussi pressée de quitter cette terre. A son aspect, je me retins d'abord; je me reculai en outre, et laissant tomber le fer dont je m'étais armé, je lui dis brusquement :

« — Enfant, que me voulez-vous encore, n'êtes-vous pas sortie du château selon votre désir, et cela sans satisfaire le mien; sans me faire connaître qui vous êtes et d'où vous venez.

« — Suivez-moi, répliqua-t-elle avec un sourire tellement douloureux que j'en demeurai immobile d'épouvante.

« Elle me tendit la main; j'aurais dû la refuser, je lui donnai la mienne. Dès quelles furent jointes, je sentis que la glace de son sang passait dans le mien; j'eus froid..... Que j'eusse voulu pouvoir m'affranchir alors du joug auquel je m'étais soumis. Maintenant, écoute ce que je vais te dire : soit que tu le prennes pour un songe, soit que tu en fasses une de ces hallucinations, qui, s'emparant de notre cerveau, nous font prendre des chimères pour des réalités; soit enfin que tu admettes le fait comme vrai, voilà mot à mot ce qui s'est passé. »

Ici le marquis de Montare s'arrêta un instant comme pour méditer et se bien ressouvenir de ce qu'il allait dire; puis, reprenant la parole, il changea de ton et même de langage, et comme s'il eût lu ou récité une chronique, il donna cette forme étrange à sa narration.

XV

« Or cette nuit il ventait fort ; les rafales impétueuses faisaient craquer les hauts chênes sur le penchant des collines, et refluer vers sa source la petite rivière de la vallée ou s'élevait le monastère antique de Vallemagne. La pluie, la grêle, tombaient pêle-mêle, et à torrents... Parfois il y avait des coups de tonnerre qui faisaient trembler les hauts lieux et mugir les échos de la sainte maison de Dieu, d'une horrible manière... Et puis il y avait des silences encore plus effrayants; des sortes de repos de la tempête : on aurait dit qu'elle prenait du relâche, afin de recommencer avec une nouvelle fureur.

« C'était une nuit épouvantable!!

« Le timbre de l'horloge du beffroi de l'abbaye sonna douze coups : la dernière heure du jour qui va rejoindre ses frères dans l'éternité.

« Ce fut donc un instant de calme entre deux explosions de rage tempestueuse.

« Aussitôt il y eut à la surface de tous les tombeaux placés dans le cloître de Vallemagne; une sorte d'ébranlement... comme une secousse donnée à la pierre froide et pesante de sépulcre par une force impuissante encore à la soulever en entier. Ces mouvements se répétèrent à diverses reprises pendant l'espace de temps que l'aiguille mit à marquer soixante minutes.

« Et la tempête durait toujours... Il y en a un nombre sans fin de pareilles entassées dans les vastes arsenaux du ciel.

« Le Jacquemar heurta de nouveau le timbre sonore d'un seul coup de son marteau d'airain... Une heure...., la première du jour qui se dégagea du néant...

« La foudre la salua par des éclats tellement rapides, tellement cascadés, que tout en frémit depuis les montagnes voisines jusqu'aux vagues houleuses de la Méditerranée.

« Soudain les tombes plates et celles chargées d'ornements lourds, et celles que de fortes barres de bronze attachaient afin que des yeux indiscrets ne troublassent pas le travail lent du ver, qui reçut de Dieu la mission d'achever de détruire l'homme, et la modeste dalle qui recouvraient des ossements inconnus; tout cela fut soulevé à la fois, et un éclair qui resplendit subitement découvrit tout à coup des merveilles hideuses, telles qu'un saint ou un réprouvé peut seul en soutenir la vue.

« Du sein de la terre s'élancèrent à la fois des morts de tout sexe, de tout rangs, de tout âge, de toute époque, il y en avait qui, enveloppés dans leur suaire blanc non encore consumé par l'humidité de la terre, s'en drapaient comme si c'eût été un vêtement de fantaisie ; certains se montraient sous la robe monastique, d'autres parés de riches aubes, de chappes chamfronnées, quelques-uns habillés selon des modes mondaines, brillaient de l'éclat du fier velours ou des damas fleuris et de mille couleurs. Il s'en présenta d'entièrement nus qui ne témoignaient aucune honte. On en aperçut de cuirassés, la tête chargée d'un casque d'acier, et le reste du corps défendu par une armure complète ; un fol avec son habit mi-partie, sa marotte chargée de grelots, et son chapel pointu qui carillonnait aussi, et de jeunes filles en robes blanches avec des couronnes de lis ou de perce-neige, et de vieilles femmes en cornettes, en mantilles rembrunies, et des varlets avec leur livrée somptueuse, et des docteurs; des chevaliers ès-lois portant robe longue et l'étole fourrée; des gens de divers métiers mêlés à de hauts barons; des pastourelles avec des comtesses; des mendiants et un damps abbé... Vrai, c'était chose étrange et spectacle comme jamais les compagnons de la Mère-Folle n'en représentèrent aux bonnes gens d'un gros bourg dans le préau d'une église collégiale, le jour où la veille d'une des grandes fêtes de l'année.

« Mais les vêtements ne couvraient pas tout; c'était à rendre blême, à glacer le sang dans les veines, que de contempler les mouvements désordonnés; les soubresauts, les saccades, les courses rapides, les culebuttes, les trépignements, les gestes rapides, furieux, extravagants de cette troupe; qui riait, hurlait, blasphêmait, à l'exemple de ce que sans doute elle avait appris dans l'enfer ou dans les douloureuses années du purgatoire, ces acclamations de rage, ces imprécations de délire, ces plaintes de désespoir, ces railleries sataniques étaient partagées ou imitées par d'autres bandes de squelettes qui arrivaient dans le grand cloître de l'abbaye, de toutes les parties du monde, par escouades, par bataillons et en volées; il y avait des rencontres bizarres, des accostements orageux. Là on riait comme les réprouvés rient; là on s'accablait d'injures à la manière des vivants; derrière tel pillier on faisait l'amour comme les morts le font, horrible parodie de ce qui se passe sur la terre, et au milieu du préau deux ennemis en ce monde venant à se rencontrer sur les confins de l'autre, commencèrent un combat pendant lequel leurs os se choquèrent avec un cliquetis affreux, et de leurs yeux allumés jaillirent les étincelles d'un feu verdâtre.

« Cependant la tempête, loin de s'appaiser à l'encontre d'un spectacle qui aurait dû faire reculer d'épouvante et les démons et les esprits de l'air, continuait à rugir avec une véhémence surnaturelle ; c'étaient des mugissements de vents, des masses presque compactes de grêle et de pluie, des roulements ou des coups de tonnerre qui, parfois, faisaient trembler ces cadavres desséchés, et dont les éclairs, d'un rouge foncé, illuminaient ces sépulcres où la lumière n'était jamais parvenue. La nature, en proie à une de ses plus violentes convulsions, répondait dignement à la scène qui avait lieu dans l'enceinte du monastère de Vallemagne ; et dans le lointain, et apportée par les échos, de proche en proche, on entendait les mugissements de la mer, dont les vagues courroucées et heurtées dans leur course véloce par la main de l'esprit qui les soulève contre le ciel, s'indignaient, en frappant la rive plate avec tant de puissance, de ne pouvoir dépasser d'une ligne la marque invisible que le doigt de Dieu leur interdisait de franchir.

« En vérité, c'était une nuit épouvantable.

« L'anarchie permanente, le chaos de désordre continuaient à régner dans le lieu où les morts se livraient à leur joie effroyable; ils allumèrent des flammes phosphoriques qui brillaient et s'éteignaient tour à tour; elles faisaient ressortir l'obscurité de la profondeur des arcades gothiques, l'élégance de l'architecture grêle et solide de ces constructions du moyen-âge qui ont tant de charme et de majesté. On voyait des ogives richement dentelées se découper sur un fond lumineux; plus loin des voûtes hérissées de statuettes faites à main d'homme, montraient un instant leurs couronnes de pierres taillées à jour si délicatement dans leur ampleur colossale, que l'œil s'attendait à les voir tomber à chaque instant, et pourtant elles étaient là plus solides que d'autres couronnes si légères et si chétives le sont sur la tête des plus forts rois.

« Et les tombeaux si bien ornés, et les statues raides des anges et des saints, et les chapelles parées par la piété des fidèles; et les châsses toutes d'or enguirlandées de fleurs; et les grilles de fer resplendissantes; et les lampes d'argent ciselées par d'autres saint Éloi; tout cela se colorait tour à tour, et tour à tour disparaissait; on aurait dit des créations fantastiques du bal nocturne des fées; des jeux de notre imagination, toutes superbes de couleurs et d'apparence, et si sombres dans leur réalité.

« Il n'y avait pas jusqu'à l'orgue de l'église qui ne résonnât mélancoliquement : il en sortait des sons si tristes, si plaintifs, que c'était à en frémir. Et qui tourmentait ses touches d'ébène et d'ivoire... on n'en savait rien; mais si pour son malheur l'organiste du monastère, frère André de la Passion de Jésus-Christ, avait seulement entendu son hideux imitateur: certes, le digne moine aurait été de vie à trépas, car il est des choses de l'autre monde qui vues une fois unique, ne permettent plus aux yeux de l'homme de rien voir désormais de ce qui appartient à l'homme sur cette terre.

« Mais tous dormaient cette nuit-là dans les cellules des dortoirs de Vallemagne, et ce sommeil général avait lieu par une permission divine; et le frère convers sur qui roulait les travaux de la journée; et ceux des religieux qui chanteraient au lutrin les leçons de matines; et le vieux frère Jérémie, occupé depuis soixante ans à enluminer un *missel* que l'on montrait déjà comme l'objet de la plus haute curiosité aux comtes et aux marquis en cours de visite ou de traités avec Vallemagne ; et le chroniqueur chargé de conserver à la postérité la souvenance de tous les miracles des moines du couvent morts en odeur de sainteté , et certes le nombre n'en était pas médiocre ; et des événements physiques ou d'histoire du haut et du bas pays de la Langue-d'Oc ; et le père procureur toujours embarrassé dans ses comptes à rendre, tant il laissait dépenser joyeusement les fonds de la maison pieuse ; et l'abbé, ce digne personnage qui devait répondre à Dieu de la splendeur et de la sainteté du troupeau confié à ses soins.

« Oui, tout dormait dans Vallemagne, jusqu'au frère *Queux*, lui dont l'emploi avait tant d'importance, et à qui les vingt-quatre heures suffisaient à peine pour en remplir convenablement les devoirs. Et grand Dieu ! que fût-on devenu dans le monastère si on avait soupçonné ce qui se passait dans le cimetière; ce que la Providence permettait aux trépassés de prendre d'ébattements.

« Or les trépassés perpétuaient leur fête sans pareille; ils pouvaient pousser des clameurs aigres et plus aiguës que pleinement sonores, sans crainte qu'elles réveillassent les vivants, puisqu'elles se confondaient dans le fracas de la tempête qui bruissait avec une telle fureur qu'il était impossible de rien distinguer de ce qu'elle emportait dans ses tourbillons impétueux.

« A chaque instant survenaient de nouvelles troupes de morts; on aurait cru une répétition de ce dernier moment de l'humanité, lorsque la trompette retentissante aux quatre coins de l'univers, appellera au jugement irrévocable de Dieu, toute la poussière qui a eu vie, n'importe à quelle portion des globes elle se trouvât alors mêlée; on s'appelait par des signes ou par des râlements à faire dresser les cheveux. On allait, on venait ensemble; on se racontait ce qu'on avait vu depuis la dernière réunion ; on dansait... car les morts dansent... Ils ont aussi leurs jeux, leurs fêtes... On dit qu'il y en a jusque dans l'enfer.

« Mais l'orage ne finissait point, et son impétuosité croissante, au lieu de s'éteindre, devenait si incommode que même parmi ces hôtes du sépulcre, il s'en trouva que sa véhémence fatiguait. Certains morts parurent vouloir se mettre à couvert de l'intempérie d'un tel orage ; ils semblaient regretter la chaleur humide de la tombe et le calme dont ils y jouissent ; car le repos est toujours doux, même entre le ciel et la demeure de Lucifer.

« Plusieurs donc rentrèrent d'abord dans le cloître et se promenèrent lentement sous les arcades. Ils marchaient d'un pas grave ; ils rêvaient, ou s'ils parlaient, c'était à voix basse. Une pensée pénible les occupait. Ceux-là avaient dû trouver la vie amère ou avaient dû mal l'employer. On aurait pu reconnaître dans tout l'ensemble de leur personne hideuse une manifestation de haine secrète, de chagrin ou de remords. La joie de leurs compagnons les importunaient, et lorsque les fulminations du tonnerre éclairaient d'une manière trop brillante l'ensemble de Vallemagne, ils baissaient leur tête décharnée comme si cette lumière les eut importunés.

« Bientôt même dix ou douze, parmi ces derniers, trouvèrent une sorte de nouveau supplice à cette agitation désordonnée, à ce tumulte de colère ou de joie : ils éprouvèrent le besoin de s'en éloigner, et tous, d'un commun accord, ayant aperçu auprès d'eux la porte ouverte d'un caveau, ils y entrèrent et descendirent le raide escalier. Quand ils furent sur le sol poudreux, n'ayant pour se reconnaître au milieu des ténèbres que la lueur phosphorique qui sortait de leurs ossements, un d'entre eux prenant la parole :

« — Frères, dit-il, soyez les bien venus dans ma pompeuse demeure, dans mon palais actuel où je repose depuis trois siècles, et dont je suis sorti surtout pour me réunir à vous.

« — L'habitation est agréable, répondit un second de la troupe-fantôme, à la haute stature, aux ossements herculéens, on doit dormir ici à merveille, et le bruit pesant des pas de ceux qui vivent encore ne peut arriver et troubler ton sommeil.

« — Oh ! ajouta un troisième dont la forme du crâne présentait des anfractuosités singulières, qu'ils me sont exécrables ces retentissements de la marche des mortels... vrais... chaque fois qu'ils frappent sur la pierre platte et mince qui me recouvre, mes os se choquent et j'ai peur, car il me semble que je touche à l'heure où nous nous réveillerons tous pour ne jamais plus nous endormir.

« Le propriétaire usufruitier de l'*Habitation agréable* se mit à en faire les honneurs à ses camarades avec cette aisance facile d'un être accoutumé aux usages du monde ; il lui était resté un souvenir de son urbanité passée, à tel point les habitudes sont tenaces et s'effacent difficilement. Il y avait à l'entour du caveau plusieurs tombes vides, soit parce que le temps en avait dévoré les hôtes, soit parce que ceux-ci erraient et se divertissaient dans les environs, on pouvait s'asseoir commodément sur les marbres funèbres, et chaque spectre y prit place. L'un d'entre eux se hucha à califourchon sur sa propre statue qu'il serrait d'une façon amoureuse, en lui prodiguant des baisers de glace, ce qui prêta beaucoup à rire à l'assemblée : elle le qualifia de bon compagnon. Lui, charmé de ces éloges, se redressa avec tant d'orgueil qu'il se fit un craquement général dans toutes les parties de sa charpente osseuse, et que, prenant la parole, il se mit à dire :

« — Comment deviserons-nous pour passer le temps ?

« Il y en eut un qui proposa de danser le branle en petit cercle et bien tranquillement, ainsi que doivent le faire des cadavres paisibles et honnêtes.

« Le branle ne convint pas, la salle de bal étant par trop étroite. On regrette aux trépassés l'espace qu'on leur accorde, et l'on taille leurs appartements presque à la mesure de leurs bières.

« Un autre demanda si on ne chanterait pas la *Ronde des Morts*, cette ronde terrible qui met en train tous les habitants de la terre funèbre, et qui inspire une telle épouvante à toute la création que l'écho n'ose pas en répéter le moindre mot.

« La ronde!... on aime à l'entendre même quand on ne la danse pas.

« — Oui! de par le crapaud mon voisin, s'écria un squelette qui déjà avait péroré pour se plaindre de l'effroi douloureux que lui causaient les pieds des vivants lorsqu'ils heurtaient la dalle de son cachot, chantons la *Ronde des Morts;* cela récrée et ne nuit à personne.

« Et aussitôt, lui-même entonna le chant infernal sur un ton sans pareil, avec une mélodie que nous ne connaissons pas, avec une expression qui nous enlèverait la vie si elle pénétrait dans notre oreille, et qui paraissait égayer délicieusement l'ouïe des trépassés.

« La ronde finie et applaudie avec enthousiasme, on se mit à se regarder, et voilà qu'un autre mort demanda encore :

« — Comment deviserons-nous pour passer le temps?

« Car le temps pèse aux trépassés comme aux hommes ; tous sont impatients de le consommer, tous sont avides de le perdre. On dirait que pour les uns, la mort n'est pas au bout ; et pour les autres, que l'enfer n'est plus béant pour les engloutir.

« On mit en avant plusieurs sortes de joyeuseries ; des amusements de nous autres : la main chaude, le pied-de-bœuf, mais à la manière de ces gens-là, avec des variations qui les leur rendent propres. La chose dans ce moment ne fut pas du goût de l'assemblée ; elle était lasse et se trouvait du désir à demeurer couchée en liberté, à se tourner et se retourner de toutes façons, ce qu'on ne peut faire qu'après que le coq a chanté.

« Le fou, car il y en avait un parmi la troupe ; le fou, montant sur le mausolée d'un ancien comte de Béziers dont la race provenait de celle de Clovis, agita la marotte dans sa main turbulente, secoua son chapel mi-partie brodé de clinquants, et un bruit de grelots et un tintement de petit carillon attirèrent sur lui l'attention de chacun.

« — Frères, dit-il, car si nous ne formons qu'une même famille, rois ou pâtres, évêques ou roturiers, voilà longues années que nous vivons ensemble sans trop nous connaître, sans savoir qui nous sommes, et cela manifeste ou trop d'indifférence ou pas assez de savoir-vivre. Ne conviendrait-il pas que nous missions en commun notre vie éteinte ainsi que nous y mettons nos carcasses osseuses. Ce serait un régal très plaisant, une manière de prendre des ébats qui nous distinguerait de la foule irréfléchie de nos frères. Qu'en pensez-vous, camarades?

« Un vivat, une réclamation unanimes répondirent à son appel; tous approuvèrent le fou.

« Un dit :

« — Il a du sens ; ça devait être bien risible à la cour où il vivait.

« — Fou, cria un autre, viens çà que je t'embrasse.

« — Oh! que nenni, tu me mordrais, méchant, car tu n'as perdu aucune de tes dents carnassières, mâchelières ou incisives. D'ailleurs, la présidence m'est acquise et c'est à vous tous à prendre le mot de moi.

« Le fou a raison, se prit-on à dire en chœur; il parle aussi bien qu'un docteur de Sorbonne, — voire même qu'un père du dernier concile de Tholose. —

« Qui avait prononcé ces deux phrases? Le squelette d'un jeune adolescent et celui d'un vieillard vévérable, non par sa barbe qui avait disparu, mais par sa robe taillée en mode ecclésiastique.

« Le fou alors :

« — Qui commencera parmi vous? dit-il ; j'ouvrirais bien le colloque, mais je veux me réserver pour la clôture, à moins qu'une autre fantaisie passe par ma cervelle.

« —Qui commencera, répétèrent les morts avec cette nonchalance de gens qui savent combien de siècles s'écouleront avant que le jour arrive où ils ne pourront plus s'ébattre innocemment.

« —Choisis parmi nous, fou, lui cria-t-on.

« — Soit; mais, pour choisir, faut que je vous connaisse, mes bons frères, car comme dit la chanson du ***Bossu*** :

Quand toutes les poules sont noires,
Qui peut dire la mienne est là?
Oui, la voilà.

« Et à cette plaisanterie vulgaire, les morts

éclatèrent de rire, et tous répétèrent : celui-là, certes, a dû être jongleur.

« Le fou, toujours perché sur sa haute tombe, leva sa marotte en guise de sceptre, commanda le silence et on se tut, bien que d'un côté et d'autre on entendît encore des murmures joyeux, et que plus d'une mâchoire s'entr'rouvrît avec une satisfaction terrorifiante.

« Ils avaient tant d'hilarité cette nuit, les trépassés du cimetière de Vallemagne!

« Le fou, s'adressant successivement et au hasard à ses onze camarades :

« — Qui es-tu, demanda-t-il au premier?

« — Voleur.

« Cette qualification ne causa acune surprise.

« — Et toi ?

« — Reine.

« Ceci n'attira pas davantage ni l'étonnement ni les respects de l'assemblée, tant l'égalité est complète où est le trépas.

« — Et toi?

« — Écolier.

« — Et toi?

« — Parricide.

« — Oh!...

« Cette exclamation échappa à ces gens de l'autre monde.

« — Et toi?

« — Troubadour.

« — Et toi?

« — Abbé.

« — Et toi?

« — Pastourelle.

« — Et toi?

« — Excommunié.

« — Et toi?

« — Religieuse.

« — Et toi?

« —.......

« — Et toi?

« L'interpellé hésita. Le fou répéta sa question par deux autres fois, et par deux autres fois il y eut du silence, et de celui qu'on interrogeait et des confrères dont la curiosité était presque excitée. Enfin il répondit avec un soupir douloureux :

« — Contez, contez chacun à votre tour, et le dernier je conterai mon histoire.

« Ce fut à qui se regarderait avec le plus d'attention. Cependant on se rangea sur ses siéges de bronze, et le voleur se disposa à raconter les faits remarquables de sa vie. »

XVI

— Tu ne m'as pas interrompu, mon ami, dit le marquis arrêtant ici le fil de cette histoire sans égale; tu ne m'as pas demandé comment il m'a été possible de voir des choses aussi étranges, et passées d'ailleurs positivement tandis que j'étais encore dans la chambre où je me retrouve avec toi? Je ne saurais que répondre à cette question si légitime. Cependant, ce que je raconte s'est passé comme je te l'ai débité; mon esprit ou ma mémoire l'ont entendu rapporter, ou mes yeux l'ont vu dans un miroir magique, et mes sens magnétisés ont entendu par d'autres organes que par l'ouïe. Ce qu'il y a de plus certain, c'est que l'histoire de ce voleur *, celle des douze autres morts me sont entièrement présentes, et assurément je profiterai de mon premier jour de désoccupation pour les confier au papier, et j'espère qu'elles t'inspireront de l'intérêt. Je dirai en passant que le douzième trépassé, celui qui avait peur de se faire connaître, était tout simplement un tueur de roi, ce que nous appelons familièrement un régicide.

« Cependant, et pour en revenir à mes

* Voir l'ouvrage en deux volumes, intitulé : *Les Souvenirs d'un Fantôme*, 2 vol. in-8. On y trouvera cette chronique des faits et gestes du voleur, écrite de souvenir par le marquis de Montare.

propres aventures, dès que Catherine ou Jeannette m'eut pris la main, je t'ai rapporté qu'elle communiqua à tout mon corps, d'abord au froid excessif qui, par degré, se changea en une chaleur dévorante; ma tête partit, mes idées s'exaltèrent, une flamme impétueuse circula dans mes veines, tendit les nerfs, fit jouer les muscles, et cela avec une impétuosité telle que dans quelques secondes, à ce qu'il me sembla, je parcourus, je franchis instantanément la distance considérable qui sépare le lieu où nous sommes du cimetière de Vallemagne, situé entre Pezenas et Mèze, sur la gauche du chemin, lorsque de Toulouse on se rend à Montpellier.

« Narbonne m'apparut avec sa vieille église de Saint-Paul, sa cathédrale non réédifiée, dont le chœur seul est construit, et la tour féodale de son archevêché suprême. Je traversai le canal du Midi qui, vers l'ouest, montait par huit écluses ou cascades, œuvre de l'art humain, presque sur une montagne, tandis que plus loin on en a percé une autre dans toute sa largeur pour donner passage à cet admirable travail de Riquet. Nous nous élevâmes à la hauteur de Béziers, dont la situation sur la rivière d'Orb, et proche la Méditerranée, a fait dire à tout le moyen-âge que si Dieu voulait habiter sur la terre, ce serait cette ville qu'il choisirait.

« Enfin, et cheminant toujours, et Cathetherine ne cessant de me tenir par la main, moi ne sachant si je marchais sur terre, volais dans l'air, ou bien si j'étais transporté par une locomotion quelconque, nous atteignîmes le cimetière désolé dudit Villemagne, et là, j'avoue qu'à l'aspect de ces saturnales démoniaques, je me sentis saisi par une de ces terreurs surhumaines qui inspirent à nous autres, faibles mortels, tout ce qui n'appartient plus ou n'a jamais appartenu à notre nature périssable. Je voyais avec une horreur inexprimable ces squelettes, ces cadavres animés, se livrant en désordonnés à tous les actes d'une vie éteinte qui leur permet ces jeux étranges. Comment sortent-ils de la paix du sépulcre? Est-il donc vrai que les âmes errent dans l'espace soumises à certaines lois, jusqu'au moment où le dernier jugement leur assignera une place éternelle et fixera leur sort irrévocablement. Peut-être, ami, et je tiendrais davantage à cette idée, tout ce que j'ai vu, ce qui m'a frappé si grandement, n'a été qu'une illusion constante, qu'un jeu de mes sens éblouis, de mon âme trompée qui s'est livrée en aveugle au mensonge qui la jouait.

« Quoi qu'il en soit, ma compagne me regardant avec une douceur mêlée de tristesse, me dit : « Damatien, encore quelques pas, et je vous laisse libre; j'espère avoir échappé à mes persécuteurs et pouvoir me réinstaller dans ma dernière demeure; mais pressons-nous, si le jour me surprenait encore errante, je ne pourrais effectuer mon dessein. »

« Alors elle me montra, à l'extrémité du cimetière, une fosse simple, sans ornement aucun, nouvellement ouverte, sur laquelle s'élevait vers la tête une croix de bois noire, sans inscription; ma compagne marchait avec peine et difficulté, surtout depuis notre entrée dans ce champ du repos. A tous les sépulcres, elle éprouvait une difficulté extrême pour les franchir; tantôt les pierres tumulaires dressées sur notre passage l'interceptant, nous ne pouvions que la contourner; alors une fosse se montrait béante, et Catherine me dit qu'il lui était défendu de passer par-dessus soit en sautant, soit en la franchissant.

« Mais ce fut bien pis lorsque des squelettes

vagabonds et désoccupés se furent aperçus de nous, et surtout de ma personne; voilà que d'abord dix d'entre eux, puis vingt, trente, cent et mille ensuite se mirent à pousser des cris furieux, à courir comme des insensés, faisant des démonstrations étranges, tous accusant Catherine d'une infâme profanation.

« — Un vivant parmi nous! hurlaient-ils... Un habitant de la terre dans le cimetière de Vallemagne... D'où vient-il?... Que veut-il?... Parjure, tu l'introduis ici pour qu'il nous tourmente... pour qu'il prononce ces mots terribles qui nous évincent, nous tortionnent et nous forcent à rentrer dans notre asile avant l'instant fixé... Ohé! ohé! le vivant... qu'il meure..... qu'il devienne semblable à nous...

« Et ils criaient, clamaient, vociféraient avec une telle furie, que je me crus à l'heure de ma fin. Sans consulter Catherine, je tirai mon épée; elle les eût peu effrayé; mais en la pointant vers eux, je leur présentai ma bague, celle qui me vient de l'abbé de Damenais... Ils la regardèrent, je les vis frémir, s'arrêter et se taire. Cela me fit ressouvenir de la sainte et sacrée relique; et fichant l'épée par terre où elle se tint droite, je me hâtai de sortir la divine croix de ma poitrine, et l'exposai à l'air extérieur appendue à sa chaîne d'or. Ici le prodige fut plus ample.

« A peine le bois auguste eût-il été montré, qu'il s'en élança des rayons ardents, des éclairs aigus devant qui tout se recula, et bientôt se mit à fuir. Ce fut un spectacle sans pareil que de voir ces êtres hideux et informes s'échapper dans tous les sens, rentrer tous avec précipitation dans les tombes ouvertes, et s'y recoucher avec rage et désespoir. Ceux qui étaient venus là des autres cimetières s'envolaient par bandes, et redoublaient, par l'interposition de leurs corps, de leurs linceuls, l'obscurité étendue entre le ciel et la terre.

« Étonné d'une telle victoire, j'admirais la merveille qui me la procurait, lorsque j'entendis Catherine pousser un cri aigu et rempli d'angoisse.

« — Ah! me dit-elle, je suis perdue... oui, perdue,... Regardez là-bas, vers la mer, derrière nous... L'aube, l'aube se serre et les tombes se ferment..... Quand donc rentrerai-je dans la mienne!

« Elle n'avait pas cessé de parler que je m'étais retourné du côté de l'orient; je vis au-dessus de la Méditerranée, luire à l'horizon, une barre d'or... Aussitôt ce fut de toutes parts une rumeur si infernale, une décomposition de formes si instantanée, je fus témoin d'un spectacle si propre à me bouleverser, que je sentis mon cœur se glacer de nouveau. Il me parut qu'en même temps nous quittions le cimetière, et que Catherine me ramenait ici d'une course tellement véloce, que j'en perdis la voix, la respiration et les sens. Depuis lors tu m'as dit qu'un ami m'avait rapporté ici inanimé : je dois le croire puisqu'à la sortie de mon évanouissement je m'y suis trouvé, car autrement je n'ai conservé aucune souvenance de ce que j'ai fait ou de ce qui m'est arrivé depuis l'heure où je suis revenu de Vallemagne, par la même voie et les mêmes moyens à ceux qu'on m'a fait prendre pour y aller. »

Le marquis se tut après avoir prononcé ces dorniers mots. Ce qu'il venait de raconter était tellement extraordinaire, que Roquevel, quoiqu'il dût être accoutumé aux prodiges, ne put se résoudre à admettre la réalité de celui-ci ; il préféra croire à un sommeil pénible tourmenté par un horrible cauchemar

Mais si telle fut sa pensée, il se garda bien de la faire paraître ; il n'aurait pas voulu déplaire à son ami, et douter à ses yeux d'une chose que lui, Damatien, regardait comme si certaine. Il se contenta à la fois de plaindre le narrateur et de le remercier. Il l'embrassa à plusieurs reprises et à son tour, et afin de le distraire, se mit à lui faire part des choses qui s'étaient passées pendant son évanouissement, revenant sur ce qu'il lui avait déjà dit, afin de le distraire et de lui faire oublier ses propres visions.

— En vérité, dit le marquis à son tour, je ne vois pas quel intérêt a tant le comte de Roquecourbe à laisser croire par la police et la magistrature que je ne suis pas l'auteur du meurtre de sir Olivier, meurtre commis honorablement dans le cas de légitime défense.

— Peut-être, répondit Roquevel, qu'il agit par égard pour nous deux. Je suis son parent, son héritier présomptif, ne cesse-t-il de me dire, dès-lors il me paraît naturel qu'il n'ait pas voulu que mon meilleur ami, étant dans ce pays un étranger suspect, par cela seul et en vertu de cette qualité qui, au lieu de servir à le rendre l'objet de la confiance publique, le rend un but d'animadversion et de repoussement. Le comte est instruit de ce qu'il me ferait éprouver s'il montrait envers toi quelque prévention injuste.

— J'aime à croire, dit Damatien, qui accompagna ce propos d'un sourire malicieux, que ton parent respectable n'est mû que par un noble sentiment rempli de bienveillance. Néanmoins, et s'il m'est permis de conjecturer et de faire des suppositions vaines sur ce qui se passe dans son cœur, je m'aviserai de soutenir que peut-être ton bel oncle a un motif personnel qui le porte à éloigner toute investigation judiciaire relativement à tout ce qui a rapport à l'Anglais lui-même.

— Quoi ! tu penserais mal du comte ?

— Pas davantage Alfred que toi de ton côté n'en pense.

— Moi, Damatien ?

— Oui, toi, que te semble... là, franchement, de tout ce mystère qui nous entoure ; que sont, s'il te plaît de me l'apprendre, ces danseuses prétendues du théâtre de Montpellier, et qui en réalité n'ont jamais ballé pour personne. Qui est cette Catherine amenée pareillement chez lui et patronée également sans titre meilleur ni plus sûr. N'ai-je pas moi-même acquis, il y a peu, la preuve que cette, créature, appartient à la classe de ces êtres mystérieux qui ne touchent complètement à la vie ni à la mort ; spectres indécis entre le trépassé et l'homme, espéce niée par l'incrédule ou le savant, admise par l'esprit religieux ou simple, et dont désormais l'existence m'est prouvée. Que diras-tu en outre de cet Anglais, sir Edgard, baronnet d'Hertfort, lorsqu'il doit se couper la gorge avec toi, et qui après avoir, homme amphibie, tenté un assassinat sur ta personne, a essayé cette nuit-même de m'immoler, moi qui ne lui ai rien fait directement, si, plus heureux que lui, ma main plus leste n'eût su nous en délivrer. Te flattes-tu que nous ne le verrons pas reparaître, en m'accusant de l'avoir tué. Il aurait fallu appeler des médecins, des chirurgiens de Montpellier; soumettre le cadavre dans son existence passée à une enquête qui aurait amené des révélations peu convenables; qui aurait fait connaître quels rapports réels attachaient ce frère au baronnet, auquel tu aurais enlevé la vie. La justice se serait à son tour emparée du cadavre, et alors comment le rendre à la vie une nouvelle fois.

— A la vie, Damatien, pèses-tu bien tes paroles; en sens-tu la portée; en comprends-tu la force? Mais si ce que tu avances était vrai, sir Olivier serait un vampire.

— Il n'est pas autre chose.

— Mais cela ne peut être, l'existence de ces êtres horribles répugne, ce me semble, à la religion et au sens commun; à la philosophie, comme aux lois régulières de la nature: les vampires sont des visions, des mensonges créés par la superstition, adoptés par la charlatanerie, et crus seulement des simples et des Hongrois.

— Ajoutes-y les Grecs, les Arméniens, les Candiotes, les Montenégrins, les Dalmates et ceux de l'île de Chypre, avoue que cette doctrine est répandue universellement dans les quatre parties du globe, que l'Europe, la plus éclairée, les a signalés et admis depuis les temps les plus reculés; on en trouve des exemples dans le polythéisme. La Grèce idolâtre avait ses vampires, non moins que la Grèce chrétienne, non moins, sans parler du fantôme de Lycas, de celui d'Achille qui demandaient du sang. Les païens n'avaient-ils pas leurs Lemures, et ces démons, habitants des cimetières où ils se nourrissaient de cadavres. Ces sortes de spectres dévorés de la même faim ont succédé dans les Indes à ces vampires antiques. Les îles de l'Archipel, les rives des deux mers grecques et ïoniennes ont leurs Broucolâtres; il y a partout des récits pareils, et bien que la religion les condamne, les rituels épiscopaux portent les prières et signalent les cérémonies avec lesquelles on doit exorciser ces être malfaisants. Maintenant le philosophe, les incrédules nient; eh bien! une foule plus nombreuse atteste et croit chaque jour. L'agrandissement de la science nous oblige impérieusement à reconnaître vrai ce que l'on niait la veille encore. Quelle tolle de reproches, que de plaisanteries ont accueilli Buffon qui plaçait un brâsier ardent au centre de la terre. Eh bien ! on a fait à Paris, dans la plaine de Grenelle, en 1840 et 1841 un trou d'une profondeur directe de cinq cents mètres (1,500 pieds), et il vient d'en jaillir une eau bouillante, et l'on sait maintenant de quel degré de chaleur s'augmente le système terrestre à mesure qu'on descend dans ses profondeurs. Qui eut cru même, du temps de Voltaire, que l'on fixerait sur une feuille de métal la reproduction naïve, non des objets ; mais, plus étrange encore, de leur fugitive réflexion, le Daguerréotype a résolu cette merveille. Quels prodiges ne voit-on pas ressortir de la chimie, du galvanisme, du magnétisme, cette incroyable manifestation qui rend visible, pour ainsi dire, la présence de l'âme. Mon ami, chaque jour on rend matériel ce que la veille on taxait d'incompréhensible ; ne nions plus rien ; douter est le plus sage. Que ceux qui n'ont pas vu des vampires doutent de leur réalité; qu'ils démentent les temps, les hommes et mille preuves irréfragables : soit, ils n'en ont pas vu, ce sera là leur raison, leur excuse; je ne les blâmerai pas, ils font comme nos savants une ignorance de leur savoir; ils disent stupidement, je ne vois, je ne conçois pas, donc cela n'est point. Pauvre argument de la sottise réfugiée dans son orgueil. Dieu aussi n'est point, parce que d'Alembert ou Arago ne le voient ni ne le comprennent. Que diraient-ils d'un Marseillais qui ne croirait pas à leur génie, parce qu'il ne les a vu ou ne les a lu. Quant à moi, qui me suis trouvé en présence d'un vampire, moi, qui viens de cheminer avec un cadavre, forcé par un pouvoir maudit à sortir de la tombe, je me garderai bien de me refuser à l'évidence, et j'admets la réalité de ce que j'ai vu et touché; que dis-je, Alfred : une preuve nouvelle et prochaine nous sera donnée ou du pouvoir infernal ou de l'existence d'un vampire.....

— Laquelle, s'écria Roquevel violemment agité, qui croyait et qui aurait bien voulu néanmoins douter afin de ne pas rester dans une croyance qui le tuait en l'épouvantant.

— Eh ! mais, de la résurrection prochaine de sir Olivier en personne.

— Comment ! tu crois ?..

— Ce qui est... Le but unique du comte de Roquecourbe, en s'emparant de ce cadavre, a été d'empêcher qu'on ne s'opposât à son retour, à une vie soumise, sans doute, à des conditions, à des préparations indispensables pour ramener l'âme et l'attacher à son ancienne enveloppe. Le corps du baronnet est conservé dans le préau particulier du château où nous sommes. Sois persuadé qu'avant peu il aura disparu et qu'un jour ou l'autre nous nous retrouverens en présence d'un homme qui dorénavant sera notre ennemi mortel.

— Ce serait abominable, s'écria Roquevel, cela ne peut être.

— Si enfin cela arrivait.

— Eh bien, mon ami, c'est à nous à prévenir ce sacrilége exécrable, à nous à mettre opposition de toute manière et par toute voie, au retour sur la terre de ce misérable, et pour cela je pense qu'il serait à propos de nous entendre avec ce moine qui est tombé ici comme des nues, et qui sans doute, au grand dépit et mécontentement du comte et de la cabale, s'est constitué, avec Regis Noran, le gardien d'un cadavre prétendu.

— J'approuve ton idée, elle m'était déjà venue, et je vais sans tarder me mettre en rapport avec lui; d'ailleurs je ne suis pas fâché de revoir encore Catherine; je veux qu'elle m'explique une partie au moins des prodiges de la nuit passée.

XVII

Les deux amis se disposaient à sortir lorsque Clare, qui s'était arrêté dans la première salle où il faisait bonne garde, rentra précipitamment, et prévint ses maîtres qu'il avait vu le comte de Roquecourbe monter le grand escalier, et que sans doute il venait chez eux.

— Quitte ton chapeau comme je fais du mien, et jette-le dans quelque coin, dit Damatien à Roquevel.

— Bon ! et par quelle raison, je te prie, agirons-nous ainsi ? repartit ce dernier. Le comte est mon parent, est notre Amphitrion ; il nous doit logement, nourriture, feu, lumière et bon visage ; mais aucun article de la Charte, ou même des décrets impériaux, ou circulaires ministérielles, ne l'a fait notre geôlier. Sommes-nous en prison à Castelfée ? Ne nous est-il pas permis, dorénavant, d'aller, de venir, de sortir, de rentrer, de voir du monde, de refuser des visites ? Or, en vertu de mon indépendance et de la plénitude de mes droits, je veux montrer, à mon très cher cousin, qu'il nous dérange et qu'il nous empêche d'aller nous promener ; il le verra, le comprendra et abrégera son audience.

Comme Roquevel achevait son dernier mot, il entendit dans l'antichambre le bruit des pas du seigneur châtelain ; aussi s'empressa-t-il de se taire ; mais il n'abandonna ni son chapeau, ni sa cravache. Les ennemis furent bientôt en présence. Le premier coup-d'œil du dernier venu lui laissa connaître que ses hôtes allaient sortir, et s'adressant au malade de naguère, il lui dit :

— Monsieur le marquis, il fait bon être à votre âge; quoi ! tout à l'heure, les secours les plus héroïques de la médecine pouvaient à peine vous arracher à un état désespéré, et voici que maintenant, en vertu d'une vigueur heureuse, on vous retrouve prêt à courir de nouveau les champs. Était-ce, au fond, votre intention? Était-elle d'aller vous promener? ou la curiosité vous portait-elle à prendre connaissance de l'intérieur de mon manoir?

— Nous voulions, monsieur le comte, aller au dehors; il a dû nous arriver ce matin de nouveaux domestiques; ceux qui nous ont suivis hier, tous ensemble logent chez un guide que nous avons trouvé en route, et j'ai pour habitude de voir, par moi-même, si mes gens sont bien et si on n'escamote pas à leur détriment la somme que je donne pour qu'on les traite convenablement. Alfred pense comme moi, et tous les deux allons ainsi en reconnaissance.

— Oui, je sais, répondit le châtelain, que vous vous êtes fait suivre d'une armée; hier je m'étonnai d'un tel nombre d'hommes; les événements de cette nuit, et dont ce lieu a été le théâtre, m'ont prouvé que votre défiance vallait mieux que ma sécurité.

— Bon! répliqua le même; est-ce vrai?... Là... réellement vrai que des contrebandiers aient attaqué votre château; ce n'est pas eux au moins qui ont tué sir Olivier.

— Je le sais, je l'ai toujours su, monsieur; je vous prie de le croire. Mais sachez, à votre tour, que pendant que là, tout près, une rencontre funeste avait lieu entre vous et mon.....

malheureux ami, une bande réelle de voleurs attaquait nos murailles ; en tuant mon..... ami. Vous nous avez rendu un service que je n'ose qualifier ; vous nous avez sauvés tous... et cependant je n'ose vous remercier.

— J'en devine la cause. Ainsi il est donc mort, bien mort.

— Que voulez-vous dire? repartit le comte vivement intrigué.

— Que certaines personnes, mon cher cousin, dit Roquevel à son tour, ont la vie dure en diable ; un chat n'est pas plus lent à mourir ; et, franchement, tout nous porte à croire que votre Anglais est un second Civilis.

— Je ne vous comprends pas, Roquevel.

— Eh bien! puisqu'il n'y a si bon sourd que qui ne veut pas entendre, je suis persuadé que moi, qui vous parle, ai tué déjà une fois au moins le même Anglais, sauf qu'à cette époque il se nommait sir Edgard, baronnet d'Hertfort.

— Quel conte!

— Non pas, non pas, sir châtelain; mais une bonne grosse vérité.

— N'est-il pas naturel que deux frères se ressemblent?

— Oui, même l'est-il que tous les deux soient blessés au même endroit? Ainsi, le sir Olivier de ce jour a au cœur la même que je fis au sir Edgard de l'autre fois.

— Erreur.

— Or çà, vous me piquez au jeu; je parie avec vous la somme que vous voudrez que mon épée entre dans la blessure qui existe, et cela aussi positivement que cette lame de poignard que mon ami a vue sur sir Hertfort au moment de notre duel, est bien logée dans le fourreau de la même arme que j'ai enlevé ce matin du cadavre de sir Olivier, poignard qui a pareillement joué son rôle dans une certaine attaque nocturne à Carcassonne... Eh bien! que vous semble de ces preuves?

— Qu'elles vous trompent sans conclure à rien; car, quoi qu'il en soit, ces deux hommes sont morts : vous ne les reverrez plus...

— Que savons-nous, dit Damatien par forme de réflexion.

— Cousin, prenez-vous l'engagement que ni eux, ni aucun autre de leurs frères ou de quelqu'un des leurs, ne reviendra nous redemander compte d'un sang très honorablement versé, et surtout étant porteur de la même figure, des mêmes trois coups d'épée, de couteau ou de poignard antérieurs, et du solide coup de feu d'hier, coup qui, certes, en eût tué deux autres; car deux balles ont dû, par la même issue, se loger dans la poitrine. Eh bien! cela ne sera pas, ce monsieur est un espiègle qui joue au trépas comme un autre jouerait à l'existence.

Malgré sa dissimultion poussée au-delà des bornes, le comte ne put s'empêcher de jeter sur son parent un regard sinistre que les deux amis virent, Roquevel avec indifférence, il en était menacé, et Montare avec terreur. On en voulait à l'existence de celui qu'il aimait le mieux au monde; mais fâché d'avoir ainsi laissé deviner ses sentiments secrets, le sir châtelain, laissant ce point de conversation, abandon plus significatif encore, se tourna vers le marquis et lui dit :

— Quoi qu'il en soit, monsieur, votre repos exige impérieusement que sans parler de votre rencontre, vous laissiez croire que les contrebandiers ont seuls assassiné le noble étranger. Or, comme on ne les arrêtera pas, et pour cause, car épouvantés d'un meurtre, crime réel pour eux, et qu'ils croient avoir commis par leur mousquetade au hasard, ils ignorent où était la victime. Cédant à une frayeur prudente, gagnent la haute chaîne des Pyrénées, où il devient impossible de les poursuivre, et demain, au plus tard, leur rentrée complète en Espagne leur assure une éternelle sûreté. Cependant le sang a coulé, ici un cadavre y demeure encore; ce n'est donc plus un séjour de divertissements et de plaisirs; et par conséquent y recevoir des femmes que l'on aime, que l'on respecte, serait leur jouer un mauvais tour. Comment les amuser en présence de ce corps ?...

— Eh bien! dit Roquevel, voyant hésiter le comte.

— Eh bien! messieurs, je suis venu vous prévenir, à ma grande douleur et certainement à la vôtre, je suis venu vous annoncer que j'ai écrit tout à l'heure à la société que nous attendions de Carcassonne, et particulièrement à madame de Rivelline et à la comtesse de Norevelle. Le funeste événement qui ayant souillé ce lieu le rendant sacrilége et hors de convenance pour elles, je ne doute point qu'elles ne partent pas si elles sont encore au chef-lieu du département, ou qu'elles rebroussent chemin si elles et leur compagnie se sont déjà mis en route.

— Vous avez fait sagement, répondit Damatien.

— Et je ne peux que vous blâmer, monsieur, s'écria Roquevel plein de mécontentement, vous avez eu là une bien triste idée. Ne pouvait-on cacher à ces dames la présence du défunt? d'ailleurs tout me porte à croire que lui-même, en souvenir de son ancienne galanterie se serait empressé de se relever, d'emporter son sac et ses quilles et d'en partir.

— Fou! dit Damatien.

— Impie! dit le comte. Or, cette parole

dans sa bouche irréligieuse parut bien singulière à ceux qui l'entendirent, et Damatien qui cherchait à le punir, lui demanda froidement si la même mesure de sévérité religieuse avait été mise en jeu envers les danseuses du théâtre de Montpellier, qui déjà sans doute avaient dû sortir du château ou se préparer à la retraite.

En entendant là ce qui avait tant de sens, le comte se mordit les lèvres, sa pâleur habituelle s'accrut, et répondant :

— Oui, dit-il, oui certes, celles-là ne demeureront pas davantage; mais j'ai passé un traité avec elles, par où je me suis engagé non-seulement à les payer pendant trois semaines environ, à les héberger, à les défrayer de toutes dépenses, et si je ne remplis pas les clauses du contrat, j'aurai à leur payer un dédit, une indemnité considérable.

— Et de plus, dit Roquevel, je gage que ces

dames, accoutumées à tout, ne sont pas femmes à avoir peur d'un cadavve, elles ont tant vu de choses étranges dans le monde, et elles-mêmes...

— J'ignore ce qu'elles sont, dit fermement le marquis, mais ce que je peux affirmer touchant Catherine, c'est que selon toute apparence elle appartient plus à la tombe qu'à la vie, et sur mon honneur j'affirme...

— Monsieur! s'écria le seigneur châtelain impérieusement, j'ignore ce que vous allez dire, mais si vous n'en êtes pas bien sûr, si des preuves....

Le comte fut interrompu, quelqu'un s'approchait; il se tut, puis parlant bas à Damatien, il lui dit:

— Croyez-moi, prenez garde, malh...

Le marquis de Ballac entra suivi du comte de Thézan, il vint droit à M. de Roquecourbe, et s'adressant d'abord à lui particulièrement :

— Qu'est-ce que je viens d'apprendre? ainsi donc, mon noble voisin, vous renoncez volontairement aux femmes charmantes qui arrivaient de Carcassonne et des environs pour animer votre chaleur.

— A ma grande douleur, sans doute, à mon regret éternel, mais vu la circonstance où je me trouve, elles et leurs compagnons, et vous mes dignes hôtes, me pardonnerez...

— Oh! de très grand cœur, se mit à dire M. Thézan, et avec d'autant plus de facilité que nous gagnerons trop à votre renonciation.

— Comment? expliquez-vous, demanda le seigneur bossu déjà de mauvaise humeur, car il soupçonnait quelque décon venue.

— Ce serait très facile, répliqua le même, ce rusé de Ballac qui a passé une moitié de sa vie à plaire aux femmes et l'autre à être trompé par elles, comme vous, comme moi, et *tutti quanti;* ne s'est-il pas avisé que, puisque vous renonciez à une aussi charmante partie, nous ne devions pas laisser échapper une si bonne occasion de tuer le temps. En conséquence, et vu que son château et le mien sont, par la disposition de nos terres, à dix minutes l'une de l'autre, si bien que la nuit venue, le trop plein de chez lui, par exemple, peut venir prendre asile chez moi, et *vice versa*, selon le proverbe. Nous sommes convenus d'engager la société que vous congédiez et qui rentrerait avec nous dans ses pénates, de ne changer dans son projet de *villégiature*, selon les Italiens, et de *casteleja* selon nos gens du Midi, que le lieu de réunion, et qu'ils trouveront à Thézan, par exemple, bon feu, bons lits, bonne table et surtout bon visage d'amphytrion. Nous avons écrit, et afin de donner plus de poids à la requête le chevalier de Lenare, ce galant général, est parti en ambassadeur, chargé de nos épîtres; maintenant, pour achever, qui m'aime me suive; c'est-à-dire vous, cher comte, venez avec nous, et vous *messieurs les Parisiens*, comme on vous qualifie, fuyez une maison en deuil, la nôtre sera en joie de vous recevoir.

— Voilà qui est bien .. Ah! Thézan, je vous reconnais à cette galanterie... Assurément je ne ferai faute à votre bonnne compagnie, et vous me verrez me mêler avec elle aussitôt que je me serai délivré des embarras affreux de la surveillance pénible dont m'a chargé le meurtre à main armée de la nuit dernière; quant à mon parent de Roquevel que je vous présente, messieurs, comme de ma maison, de mon nom, et mon héritier légitime et d'affection, je ne doute pas qu'avec le marquis de Montare ils ne soient charmés de quitter ces tristes lieux....

— Mais, monsieur, dit Damatien voulant le contredire, lorsque lui se maintenant la parole et ne la lui cédant pas, continua :

— Je le supplie moi-même d'agir selon leur volonté, j'irai en plus jusqu'à les conjurer de me laisser librement accomplir ma tâche, elle est si désagréable que la solitude est nécessaire et qu'ils m'obligeront, je ne crains pas de le leur avouer à vous suivre; toutefois sous la réserve expresse qu'en sortant de chez vous ils reviendront ici, ce que je leur demande et en quoi j'exige leur serment... Laissons-les donc faire leurs apprêts de départ, je vais prévenir leurs gens qui sont hors du château, et faire seller leurs chevaux en même temps que les vôtres... Sans adieu, Roquevel, nous nous reverrons... Marquis, n'est-ce pas que vous ne sortez point d'ici pour ne plus y revenir.

— Non, monsieur le comte, non certes, je ne me sépare pas ainsi de vous, et sur mon honneur je vous jure que Castelfée me reverra.

Le marquis de Thézan, après avoir renouvelé son invitation, à laquelle se joignit aussi affectueusement le marquis de Ballac, sortit amené ainsi que l'autre par le maître de la maison, qui prit sur lui d'ordonner à John et à Clare de faire le porte-manteau de leurs maîtres, qui partaient aussitôt.

XVIII

— Sais-tu, Damatien, dit Roquevel aussitôt qu'ils se trouvèrent seuls, que mon cousin a très bonne envie de se séparer de nous.

— Il est vrai qu'il met à nous congédier un empressement fort significatif, ce qui me prouve que le plus habile manque quelquefois de calcul.... Oh! je devine sa pensée et le motif du désir qui le porte à nous voir partir pour le château de Thézan.

— Que t'en semble?

— Ne le vois-tu pas?

— Il comprend que tu ne l'aimes guère, et que moi, en raison de l'étroite sympathie qui nous lie, je suis presque de moitié dans ton sentiment.

— Tu es à mille lieues de la vérité....

— Qu'est-elle, alors?

— Des plus simples. Ton parent, qui selon moi ne l'est pas, car je gage qu'il tient la place du véritable, écarté par quelque manigance magique, veut demeurer seul possesseur de ce corps qui, j'en suis certain, a déjà cinq fois changé de nom et non pas de malice. Or notre surveillance le gêne, le trouble, l'empêcherait peut-être d'accomplir convenablement les rites impurs et sacrilèges du rituel infernal. Il en a déjà bien assez de ce moine qui doit lui être insupportable, donc il désirait notre départ ou méditait pire. Voilà qu'une voie douce et régulière le délivre de nous deux : il la saisit et l'emploie; c'est tout simple. Quand il n'aura plus à nous combattre, peut-être croit-il qu'il se débarrassera aussi du gardien que la loi lui impose? Voilà donc, cher ami, le seul motif qui le porte à paraître satisfait de notre éloignement. Dans toute autre circonstance, il eût manœuvré au contraire pour nous retenir, et ceci encore *per fas et nefas*.

— Et pourquoi, s'il vous plaît, monsieur le marquis, monsieur le comte de Roquecourbe, passablement avare, tient-il à nous loger, nourrir, désaltérer, etc.?

— Parce qu'il veut notre mort, entends-tu?

— Ah! par exemple... mais c'est impossible.

— C'est son but, sois-en convaincu ; il tentera tout son possible pour y parvenir.

— Si c'est là ton opinion, sots que nous serons si nous rentrons dans ces noires murailles.

— Et bien plus tôt que tu n'imagines.......
Bah! pour aujourd'hui, ne songeons qu'à en sortir sains et saufs : toi avec Clare, veille à nos hardes ; tout est à l'écurie, et moi je vais rejoindre notre aimable et fidèle guide. Toi et les deux autres marquis me trouverez là. Si le comte ne sort pas du château, fais-lui mes compliments ; s'il vous accompagne, je les lui ferai moi-même. Adieu, je sors.

Damatien, en descendant l'escalier, en traversant les péristyles, salles, corridors, cours, et dépassant la porte principale de Castelfée, examinant avec attention ce qui se passait autour de lui, tarda peu à acquérir la preuve que des hommes attachés au maître du lieu, surveillaient ses démarches, et que s'il avait manifesté la volonté de faire une visite au préau mortuaire, où à la salle qui servait de retraite à Catherine, à celle où veillait le moine mystérieux, un prétexte quelconque lui en eût interdit l'abord et défendu l'entrée, mais ce n'était pas le moment, se disait-il, d'engager une lutte imprudente sinon inutile.

Dès qu'il eut dépassé les portes et que l'air extérieur eut frappé son visage et rafraîchi l'intérieur de sa poitrine, il se félicita d'être sorti sain et sauf d'une enceinte dont le maître, sous son masque hypocrite, était si rempli de mauvaises intentions à son égard. Il se demanda s'il devait s'exposer encore, une fois que libre de sa mauvaise volonté, il n'avait plus à le craindre. La sagesse lui conseilla de se tenir tranquille, mais l'honneur et je ne sais quel sentiment pieux lui répondirent que là où il y a de la gloire à mériter et un méchant à punir, on ne doit pas hésiter à s'exposer, n'importe le péril dont on fût menacé.

A peu de distance de Castelfée, le marquis vit venir à lui monsieur Noran déjà instruit, ce qu'il tarda peu à connaître, de son prochain départ, dont il lui témoigna des regrets, et poursuivit en disant qu'il allait monter au château pour lui faire ses adieux. Damatien le remercia, lui disant qu'à son tour c'était au moulin qu'il allait en ce moment; qu'il tenait à ne pas sortir de la commune sans lui avoir fait ses remercîments.

— De quoi! monsieur le marquis, dit le maire, vous ne me devez rien.

— Vous vous trompez beaucoup, monsieur le maire, je vous suis redevable, ainsi que mon ami, d'abord de l'asile que vous avez donné à mes gens.

— Vous m'avez payé bien mal à propos un loyer que, du reste, ma conscience me défend d'accepter pour aussi peu de temps de séjour.

— Et puis le seul titre de père de votre fils vous donne des droits à notre gratitude. Ce jeune homme, si supérieur à sa fortune, nous est venu en aide avec tant d'affection, d'empressement, un cœur si ouvert et si noble, que nous lui garderons toute notre vie un souvenir d'affection et d'estime... Où donc est-il maintenant? à surveiller le cadavre de l'Anglais, sans doute?

— Non monsieur, il le voulait; mais monsieur le comte a prétendu si opiniâtrément que le moine et la religieuse suffiraient à cet emploi, que je me suis rendu à ses raisons. J'ai fait plus, et toujours d'après les conseils de monsieur de Rocquecourbe, j'ai envoyé Regis à Carcassonne porter mon procès-verbal double, soit à la préfecture soit au procureur du roi.

— Ainsi, il ne sera pas ici de quelques jours?

— Il y sera demain au matin, son projet n'étant que de toucher barre et de revenir aussitôt en cheminant toute la nuit.

— Est-il seul?

— M. de Roquecourbe me conseillait aussi de le faire partir sans escorte; j'ai pensé autrement, vu l'importance du procès-verbal dont il est porteur. En conséquence, j'ai requis deux gendarmes pour l'accompagner; et en outre quatre hommes du même service qui étaient venus du chef-lieu porter des ordres, ils se sont joints à leurs camarades; or, sept militaires à cheval et mon fils, comme eux bien monté et armé, n'ont rien à craindre. Le retour sera encore plus sûr, à cause du nombre de propriétaires et d'agriculteurs qui s'en reviendront avec lui du marché de Carcassonne.

— Je n'aurai donc pas la satisfaction de le voir avant mon départ; j'en ressens un chagrin extrême, monsieur, mais je me console en pensant que je ne le quitte pas sans retour. Mon projet me ramènera avant peu à Castelfée... Que dis-je! chez vous pour revoir monsieur Regis; quant au loyer que vous ne voulez pas, la somme devient la propriété de vos domestiques et gardes de moulin.

Monsieur Noran allait répondre, lorsqu'une cavalcade se dirigea vers eux : c'étaient messieurs de Thézan, de Ballac et Roquevel, avec Clare, John et le reste des gens de chacun de ceux-là Le comte de Roquecourbe était avec eux ; ayant dit-il voulu faire ses derniers compliments au marquis de Montare.

— Alfred, dit-il, et vous monsieur Dumatien, ressouvenez-vous que je vous prête aux marquis de Ballac et de Thézan, mais que je ne vous abandonne ni à eux ni à d'autres. Je ne le fais même que sous l'engagement exprès que vous prenez de revenir avant peu dans mes antiques murailles.

— Je vous le jure, repartit Montare, mon projet n'est pas de vous quitter ainsi.

— Et le mien, répliqua le bossu, est de ne

pas vous rendre de sitôt lorsque vous me serez revenu.

Les deux indifférents présents prirent pour de la politesse seule ces paroles haineuses qui, chacune, avait son sens caché. Les deux amis devinèrent sans peine la menace secrète qui leur était adressée; mais ils la bravèrent ou même la défièrent plutôt. Enfin, on se sépara sans s'embrasser. Néanmoins le comte s'engagea à venir lui-même très incessamment prendre part aux plaisirs que procurerait la terre du marquis de Thézan. Les derniers compliments furent échangés, et le signal du départ donné. L'on se sépara, et le groupe se mit à chevaucher.

Clare put trouver facilement place dans la route auprès de son maître. Il lui dit qu'il avait trouvé tout proche des châteaux où ils se rendaient une maison assez vaste pour loger commodément leur garde extraordinaire; qu'en conséquence ceux qui la composaient allaient sous la conduite d'un guide fidèle prendre une voie plus directe, afin qu'étant logés, au moment où le marquis de Montare et le vicomte de Roquevel arriveraient chez monsieur de Thézan, ils n'eussent à renouveler le combat de civilité auquel les deux étrangers ne voulaient pas céder. En effet, un quart-d'heure plus tard, cette portion du cortége se sépara de l'autre, et par une route plus prompte se rendit à sa destination.

Jusque-là les quatre gentilshommes avaient voyagé silencieusement. Le marquis de Thézan, amenant son cheval auprès de Damatien, dit à ce dernier que le comte de Roquecourbe n'était pas heureux depuis quelque temps. Rien ne lui réussissait en apparence.

— Aussi, poursuivit le même interlocuteur, est-il entièrement changé, c'est à ne pas le reconnaître. Jadis on le citait comme rempli d'esprit, comme très galant auprès des dames, amateur de la littérature ancienne et moderne, des arts surtout, maintenant il s'isole ou se montre sombre et préoccupé; il s'occupe à des occupations étranges, à l'alchimie, par exemple, à l'astrologie. Ses expériences bizarres de fantasmagorie sans doute; de somnambulisme encore, ont inspiré de singulières idées sur son compte; on ne feraient pas revenir nos paysans, et jusques à nos chapeaux noirs, des idées folles; qu'il se mêle de magie, qu'il est sorcier, et que dans les nuits des vendredis aux samedis, il se rend régulièrement au sabbat, non moins que la bohémienne errante et le berger maléficié du pays.

— Quoi! monsieur le marquis, on croit ici à ces folies, répondit Damatien, qui, par ce propos, voulait piquer l'amour-propre de son nouvel Amphytrion, et par conséquent en savoir davantage.

— Vous pensez bien, lui fut-il répondu, que ce n'est pas moi qui crois à ces balivernes. Ce n'est point qu'à juger sur les rapports extérieurs... Savez-vous que des bruits peu communs s'échappent souvent des sombres murailles de Castelfée, à qui on n'a pas imposé jamais ce nom sans motif. Parfois, la nuit, des flammes de couleurs sinistres s'élèvent du haut des tours ; on aperçoit errer sur les remparts des formes effrayantes, et dorénavant vous imaginez-vous que la malencontreuse mort de ce lord anglais aidera à diminuer les imputations. Les bonnes gens du pays manqueront-ils à dire que l'âme de cet insulaire revient toutes les nuits ou au moins chaque semaine, chaque mois, ou enfin au bout de l'an à son anniversaire solennel.

— Je conçois, repartit Montare, la mauvaise réputation de ce manoir.

— Quant à moi, Dieu merci, je ne donne

pas dans ces balivernes ; je me méfie des contes bleus. Ce n'est pas que mon château n'ait aussi ses chroniques, je vais en peu de mots vous raconter la plus effrayante de toutes.

— Je vous en serai très reconnaissant. Ce sont sortes de récits que j'aime à la folie.

— Eh bien, je vous servirai à point... Seulement écartons-nous, je n'aime pas à parler de ces choses devant le marquis de Ballac ; comme sa demeure manque d'antiquités et de fantômes, il nie... Les incrédules sont tous pareils. Écartons-nous, et tête-à-tête, je satisferai votre désir.

Alors tous les deux pressèrent de l'éperon leur monture, elle partit vivement et un mouvement de bride l'ayant arrêté à peu de distance, on put des deux côtés l'un ouïr sans fatigue, l'autre parler commodément. Monsieur de Thézan prit la parole en ces termes :

« Les Villeneuve, les Comminges, les Zalguier, et nous, sommes les familles premières du Haut-Languedoc, comme les Montesquiou, les Mauléon, les Lautree, les Langon, les d'Armagnac, les Périgord le sont de la Guyenne, et les Polignac, les Bernis, les Pins, les Moncalm les Voisins du Bas-Languedoc. Nous étions sous nos comtes suzerains de très grands seigneurs souverains; sous leur juridiction haute nous possédions des terres immenses, et vous savez l'antique proverbe : *Qui terre a, guerre a*, mon père avait un procès très important avec un de ses parents par alliance qui lui contestait un riche domaine qu'il prétendait n'être pas noble, et à ce titre devoir appartenir à son aïeul; mon père ne devant être héritier que des fiefs nobles transmis par substitution. Nous soutenions que cette seigneurie était au contraire tout ce qu'il y avait de plus féodal, car elle était une concession de Jeanne, fille de Raymond VII, comte de Toulouse, et d'Alphonse de France, frère de saint Louis, successeurs de leur père et beau-père. Le titre et trois confirmations, une de Philippe-le-Bel, de 1308, l'autre de Charles VI, de 1400, enfin la dernière, de Louis XI, en 1467 qui devaient être dans nos archives en avaient disparu; avec elles la cause était gagnée, et perdue sans elles; car le fisc intervenant avait intérêt à frapper cette terre de rôture ou à la rendre au roi. Mon père était très inquiet, ses recherches étaient vaines; enfin il s'avisa de s'adresser au Ciel, fit dire forces messes, ordonna et suivit des neuvaines, communia lui-même, en un mot se conduisit en excellent chrétien. Il avait pour intendant un brave et digne homme, pieux, honnête comme lui, qui se désolait de la disparution de ces titres que l'on demandait en vain à tous les chartriers, dépôt de couvents, greffes, sénéchaussées du parlement de Toulouse, archives particuliers de notre famille cèdes de notaires, etc.

« Une nuit, cet intendant qui avait passé toute la journée à poursuivre ces quatre titres égarés, venait de rentrer dans sa chambre. Il avait fait sa prière du soir et se disposait à se déshabiller; lorsque l'on heurta légèrement à la porte. — Entrez, dit-il, sans se retourner, croyant que c'était quelque domestique. On tourna le bouton et on s'avança vers lui. Il a dit le lendemain, qu'a sa surprise sans égale, bien qu'il continuât à regarder le feu, il avait vu derrière lui, avec les yeux de l'âme sans doute, mais très visiblement, un homme, vêtu à la mode du temps de Henri IV, mi-partie d'arme et mi-partie ville; l'épée au côté, les éperons aux bottes, cuirassé avec une robe fourrée pardessus, le chaperon sur l'épaule et la tête couverte d'un casque.

« Cette figure étrange et en arrière d'environ un siècle et demi (car l'époque de cette anecdote était celle de 1649) s'approcha avec lenteur et gravité du pauvre intendant, effrayé comme on le peut croire, elle tourna autour de lui, se mit en face de la cheminée; et là leva la visière du casque. Alors l'intendant reconnut en elle le portrait du marquis Thomas de Thézan. Mon quadrisaïeul, qui sans parler lui fit signe de le suivre, ce pauvre homme tout tremblant, prit sa lampe, se leva et marcha sur les pas de ce fantôme qui se dirigea vers une chambre, située au deuxième étage de notre hôtel de Narbonne, où la scène avait lieu. Là était un bahut, rempli, croyait-on, de papiers inutiles, et qui renfermait une foule de lettres autographes, adressées à mes ascendants par nombre de gens de tout rang et de toute profession. Le fantôme ouvrit le coffre, en prit une liasse dont il sortit une lettre, et l'ayant remise à notre agent disparut aussitôt.

« Tout ce que put faire l'intendant à demi-mort de peur, fut de regagner sa chambre. Là il se mit à appeler de toutes ses forces; et quand on vint à lui, on le vit à demi-mort; sans néanmoins lâcher le papier qu'il avait reçu du fantôme ; on le secourut. Mon père qu'il fit prévenir dès que la raison ne fut plus égarée, acourut, et lui, en frissonnant lui conta ce qui venait d'arriver. Mon père prit l'écrit; c'était la lettre d'un notaire de Toulouse, qui accusait réception, sous la date de 1640 au marquis Thomas de Thézan, des quatre pièces relatives à la terre en litige que mon quadrisaïeul voulait vendre alors et qu'il garderait soigneusement dans son étude.

« Mon père et son intendant au vu de cette épitre importante ne doutèrent pas que les titres dont on avait besoin ne fussent encore dans l'étude de la famille de ce notaire ou de son successeur. Tous les deux, dès le lendemain partirent pour Toulouse; et vérification faite, on mit en effet la main sur ce qui était resté perdu pour ma famille pendant un espace de temps aussi long. Le parlement de Toulouse au vu de ces actes, rendit un arrêt solennel qui nous a conservé la belle terre d'Olargue. »

XIX

Lorsque monsieur de Thézan eut achevé de conter cette histoire, Damatien le remercia, non avec le dédain trop commun aux hommes de notre siècle lorsqu'ils entendent raconter des traits de ce genre, mais avec cette conviction intérieure que l'on ne veut pas avouer, bien qu'elle règne impérieusement en vous. Ce n'était pas certes à qui venait de voir passer devant lui les prodiges du château de Saissac, ceux de l'hôtel de Carcassonne; et enfin les derniers si supérieurs encore qui avaient eu lieu au manoir seigneurial du comte de Roquecourbe. Le narrateur charmé de cette foi, l'en remercia par des manières encore plus affectueuses ; il lui dit qu'il tâcherait de le dédommager dans son humble demeure de tout ce qu'il perdait en quittant Castelfée.

—Je le suis déjà, monsieur, suffisamment par votre bon accueil comme encore par la société choisie que nous trouverons chez vous.

— Il est vrai que je me flatte de vous offrir ce que nous appelons la fleur des pois de notre département, l'élite des dames de Carcassonne, et notamment madame la vicomtesse de Norevelle. Nous aurons aussi la spirituelle dame de Rivelline, deux ou trois autres femmes qui, par leur esprit, leur rang et leurs charmes, ont fait tourner nombre de têtes. Dieu veuille que vous soyez plus heureux que tous nos compatriotes qui soupirent encore vainement.

Comme ces deux messieurs dévisaient ensemble, ils aperçurent venir à eux un gentilhomme à cheval, tout seul, et suivi d'un domestique.

— Dieu me pardonne, se mit à dire monsieur de Bellac : si celui qui vient seul et déconfit sans doute n'est pas le chevalier de Lenare?

— Certes, c'est lui très assurément, répliqua le marquis de Thézan. Vient-il en courrier aimable annoncer que nos dames sont déjà installées dans mon château.

— Je ne le vois pas lever en l'air son chapeau, son mouchoir ou sa cravache; il a l'air déconfit. Allons, il nous sera arrivé quelque nouveau malheur. Messieurs, poussons à lui; je tiens à connaître vite mon infortune.

Les quatre gentilshommes lancèrent leurs

chevaux si vivement que la distance qui les séparait du survenant fut tôt franchie.

— Porteur d'infortunes, cria le marquis de Thézan ; que nous apprenez-vous.

— Un coup fatal qui va vous surprendre : Vous n'aurez pas de sitôt chez vous ceux de Carcassonne.

— Pourquoi ?

— Madame de Norevelle...

— Eh bien !

— A quitté ses amis et sa ville natale ; elle est partie sans que l'on sache où elle a été ; aussi les conjecture amicales, les suppositions malignes ne font faute sur elle. Ceux qui l'aiment le moins prétendent, et à tort, je le jure, qu'elle a suivi un homme indigne d'elle ; les autres affirment que poursuivie pendant chaque nuit par des visions horribles elle a été chercher dans un monastère éloigné un repos qu'elle ne rencontrait plus dans le monde, au demeurant il y aura, de par le monde, une personne instruite de son secret qui pourra un jour nous le donner à connaître.

— Qui est-ce? demandèrent en chœur les quatre cavaliers, tandis qu'Alfred de Roquevel ressentait en lui un mouvement de mécontentement et de jalousie; il ne pouvait oublier si vite une personne qu'il avait aimé.

— C'est une dame... une dame inconnue à Carcassonne; mais un de ses parents y a séjourné, et celui-ci n'est certainement pas étranger à quelqu'un qui maintenant m'écoute.

— Expliquez-vous, chevalier, se mit-on à dire ensemble et de nouveau.

— Eh bien! la vicomtesse, en nous abandonnant, a laissé une épitre scellée de cinq cachets, et qui porte la suscription que voici: *A monsieur Alfred de Roquevel, pour remettre en main propre à madame de Forguerolles.*

— C'est donc à moi, monsieur, que cette lettre revient, dit le désigné sur l'adresse, et en s'adressant directement au chevalier de Lenare.

— Oui, monsieur, à vous-même, reprit l'interpellé; on a vu à Carcassonne, il y a peu de jours, un monsieur de Forguerolles, Parisien, voyageant de concert avec un marquis de Talmire; tous les deux voyaient fréquemment la vicomtesse; ils sont partis ces jours derniers pour Montpellier; on présume que la missive est pour la parente du premier. On ne savait comment la lui faire parvenir, lorsque quelqu'un a dit que le marquis de Montare, maintenant en séjour chez le comte de Roquecourbe, était le même que M. de Talmire; car il avait pris ce nom-ci pour voyager incognito; cela a fait supposer également que notre vicomte de Roquevel pouvait bien être le Forguerolles, cousin ou allié de la dame, à qui la vicomtesse de Norevelle écrivait, et on a chargé l'exprès qui m'a rejoint en route, et qui appris ce que je vous conte, de remettre à monsieur de Roquevel la missive dont il doit être tout ensemble le dépositaire et le porteur. Quant au reste de la société que vous croyez en route, elle n'a pas quitté le chef-lieu; la disparution mystérieuse de celle qui en était l'âme a rompu tout projet de plaisir extérieur; ainsi, mes chers marquis de Bellac et de Thésan, vous n'aurez, d'ici à quelque temps, aucun citadin, et il faudra vous contenter des dames de la banlieue.

— Serons-nous pour cela les plus à plaindre, repartirent unanimement les deux marquis? Nous regretterons sans doute les femmes et les hommes qui nous manqueront; mais grâce à Dieu, la bonne compagnie de la Langue-d'Oc, selon que disaient nos pères, n'est pas renfermée au chef-lieu du département de l'Aude, et on trouve des femmes aimables et des chevaliers du bel air dans les châteaux, les villes, bourgs et villages de notre contrée.

Monsieur de Thesan, ensuite, s'adressant aux deux amis plus particulièrement, leur dit qu'il regrettait pourtant de les avoir enlevés aux bayadères de Montpellier ; que ce voluptueux Roquecourbe se réservait, pour les amener dans un château où ils ne trouveraient que des campagnards et des dames élevées seulement dans leur famille où elles n'auraient pu se procurer des talents.

— Eh monsieur ! repartit vivement Damatien, plût à Dieu que désormais les filles nobles, afin d'être mieux élevées, demeurassent chez elles à y recevoir ces instructions solides, ces manières véritablement aisées, retenues, grandes et nobles que ne possède plus cet horrible *tohu, bohu* de la société dite parisienne ;

c'est un fléau, monsieur le marquis, que ces pensions du bel air, que ces couvents à cher prix, où abondent *les demoiselles* de nos Turcarets, de nos industriels, de nos Mascarilles enrichis; une jeune personne noble sort de là, savante en une foule de choses inutiles pour la durée de la vie à venir; elle sait danser, chanter, la musique instrumentale, la peinture, les sciences; elle y apprend surtout les avantages de l'argent, le mépris de la vertu pauvre, et à croire ses égaux tous les drôles qui, sans talents, se servent d'un pinceau, d'un ciseau, d'un diapazon ou d'une plume. Ah! combien est préférable la solide instruction acquise au fond d'un château: là on apprend tous les soins importants du ménage; on s'instruit dignement aux saintes qualités de la famille; on y est sage, digne, pieuse, avenante, accessible aux malheureux; un choix éclairé de lecture apprend ce qu'une femme qui ne veut pas être incomprise doit savoir en histoire profane, mythologie, géographie et littérature. Certes, nos jeunes femmes avec leurs études fortes actuelles ne sont pas supérieures par leur esprit, leur mérite solide, leurs nobles qualités, leurs vertus, à nos mères, aïeules et tantes qui s'en vont chaque jour. Celles-ci en savaient autant qu'il le fallait pour leur vie retirée; jamais je ne me suis ennuyé avec elles : spirituelles. bien élevées, délicates, gracieuses, rien qu'à les voir, à examiner leurs alentours, le respect, la vénération qu'on leur portait, on reconnaissait aisément en elles ces grandes dames d'autrefois, sachant tenir un salon, amuser une compagnie, réparer une fortune, élever leurs enfants. Ah! monsieur, ce qui se préservera en France du cataclysme parisien, ce qui conservera et transmettra le feu sacré de la bonne compagnie et des véritables belles manières, ce seront les seules filles de qualité élevées par leurs proches loin de Paris et perdues dans les châteaux des campagnes isolées. . . . .

A mesure que Damatien parlait, les trois gentilshommes languedociens dont il était entendu mettaient leurs chevaux au pas de son cheval, et tous l'écoutaient avec une satisfaction glorieuse; aucun n'eût voulu l'interrompre, à tel point ils étaient fiers et flattés de ses paroles remplies de sagesse et de vues profondes; on le laissa librement finir, et lorsqu'il eût achevé, monsieur de Thesan se mit à dire :

— Marquis de Montare vous m'ouvrez les yeux : oui, je vois ce que je sentais, mais sans me l'expliquer; chacune de nos femmes qui nous vient de Paris avec une éducation *du grand genre*, du Sacré-Cœur ou des pensions princières, désorganise nos familles, y porte le trouble, la discorde, la honte et les mine inévitablement; elle renverse nos usages, remeuble nos maisons, vend notre vieille argenterie pour du plaqué; troque les diamants héréditaires contre du chrisocale, se moque, persiffle, aigrit, dissipe, déshonore, etc., etc., tandis que la riche héritièreé levée dans un petit pensionnat du lieu, dans un château, entre chez son mari sans y être étrangère; elle a vu chez son père ce qu'elle voit ici; elle respecte ces objets admirés par dix générations, et qui, par leur magnificence antique, témoigne de la grandeur de la maison; elle ne met pas le feu dans une fortune sous prétexte de tout renouveler; elle parle notre langue, a nos goûts, nos habitudes, notre religion de culte et de trône; elle est bonne, simple, douce, brille moins pour le dehors, qualité fâcheuse au dedans; mais elle emplit l'intérieur, elle maintient, elle conserve : honneur, amour et gloire lui sont dûs.

Ce fut en conversant ainsi que la cavalcade, toute réunie par les sentiments dans une même opinion, atteignit enfin le château de Tellières assez peu éloigné de *Castelfée*, et qui était depuis plusieurs siècles l'une des terres héréditaires de la grande maison de Thézan.

— Messieurs de Roquevel et de Montare, dit le noble châtelain, soyez les bien-venus dans cette demeure, d'où l'on vous verra partir avec regret; et vous, mes deux chers voisins, marquis de Ballac et chevalier de Lenare, vous savez combien je suis aise chaque fois que vous passez le seuil pour venir me visiter; mais voici mon fidèle Achate, mon Michel Morin que je vous présente, en un mot mon remplaçant et le maître réel d'ici...

— Eh bien, monsieur Menars, poursuivit le châtelain, en s'adressant à un individu proprement habillé de noir de la tête aux pieds et qui s'avançait en montrant une joie franche du retour de son maître. Eh bien! que s'est-il passé de nouveau dans mon absence?

— Hier, monsieur le marquis, lui fut-il répondu modestement, mais sans bassesse, il nous arriva monsieur le baron et madame la baronne de Tallerant, messieurs de Vandaumois, monsieur le comte Roger de Caux, monsieur et mademoiselle de Bénevant-Rhodès, messieurs l'archiprêtre de Monthoumet et le curé de Saint-Paul; ce matin sont arrivés la comtesse de Chalabre, le vicomte de Pins et le commandeur de Mauléon.

— Parbleu, s'écria le marquis en s'adressant aux deux Parisiens, la fortune a voulu réunir chez moi l'élite de nos familles; vous verrez, messieurs, si nos dames ont besoin d'aller à Paris pour savoir se gouverner dans le monde, y être aimables, élégantes, tout en sachant ensemble s'attirer les hommages et mériter nos respects... Allons, monsieur Menars, voici le moment de vous distinguer. Je présume que vous avez prévu que ce surcroît de société exige un surcroît de bonne chère.

— Eh! eh ! monsieur le marquis, on a fait ce qu'on a pu, on a envoyé à la côte et on aura de la marée trois fois par semaine; les truffes en quantité suffisante arriveront chaque jeudi. Vos terres sont giboyeuses, vos gardes habiles tireurs, et votre garde-manger est suffisamment garni; la viande de boucherie ne fera faute; on a à propos fait des confitures; le fruitier est frais et sec. On fera, je l'espère, chaque jour quatre repas, et convenablement.

Ces propos naïfs s'échangèrent pendant que les arrivants mettaient pied à terre. Bientôt la porte du pérystile s'ouvrit, et tous les hôtes arrivés de la veille ou du matin vinrent ensemble recevoir le sire châtelain. Ce fut des deux parts des félicitations amicales, des compliments sincères; on s'aimait avec réciprocité, non que parfois, et à l'écart, on ne se critiquât quelque peu, que tout bas on ne s'amusât de certains ridicules. C'était vrai, je dois l'avouer; mais dans cette bonne compagnie l'épigramme n'est qu'un délassement : elle n'ôte rien à l'estime, à l'amitié réelle. Ces campagnards, ces châtelains, ces gens des petites villes se connaissent dès leur enfance; ils forment comme une immense famille dont les écrivains ont dit beaucoup de mal, sans la connaître. On a fait ressortir les défauts, on a tû les vertus et les qualités. Les marchands même, et ceux de Paris s'en étonneront, sont forcés d'être probes, d'avoir du bon et de ne tromper que le moins possible. Un de ces hommes d'industrie ou de commerce dont Paris abonde, qui pille avec audace le chaland, serait connu, signalé, honni, excommunié dans un bourg; on le fuirait comme la peste, et méprisé et outragé journellement, il lui serait impossible d'y continuer journellement ses malversations insolentes qui, à Paris, finissent par le mener à la fortune, à l'aide du dernier moyen... la banqueroute.

XX

Le reste de la journée s'écoula tout entière sans qu'il fût possible à Damatien et à Roquevel de se trouver seuls. Leur présentation à chaque hôte du marquis de Thézan, les compliments réciproques, une conversation dans sa variété littéraire (car en politique tous pensaient de la même façon), d'excellents repas prolongés outre mesure n'avaient pas permis que nos deux coureurs d'aventures s'isolassent.

Enfin, vers minuit, l'un et l'autre imitant les deux ecclésiastiques et la comtesse de Chalabre, demandèrent au marquis la permission de se retirer. M. de Thézan les accompagna jusque dans leur chambre; elle était convenablement meublée, bien qu'il n'y eut qu'un lit : eux-mêmes avaient demandé de coucher ensemble; ils y étaient accoutumés, grâce à leur amitié qui datait de l'enfance, et depuis les derniers événements qui leur avaient si bien prouvé la nécessité de se mieux réunir pour combattre; il leur semblait réciproquement que leur ami serait moins exposé au péril et que l'autre pourrait beaucup plus vite s'élancer à la vengeance.

Au château de Tellières, où ils n'avaientpas à se méfier du maître du logis, ils se barricadèrent moins. Clare et John, leurs fidèles, avaient aussi été logés dans une chambre voisine fort propre, confortable de tout point, et d'où ils pouvaient entendre leurs maîtres si ceux-ci avaient à les appeler à leur secours. On les congédia bientôt ce soir-là, et dès qu'ils se furent retirés, Alfred posant une main sur l'épaule de Damatien, dit à celui-ci qu'il était peu curieux, puisque pendant les heures qui s'étaient écoulées depuis le matin, il n'avait manifesté aucune envie de savoir ce qu'était devenue la vicomtesse de Norevelle.

— Comment toi et moi pourrions-nous le savoir, lui fut-il répondu, lorsque la lettre qui l'explique ou le révèle sans doute est adressée à une dame que je ne connais pas, quoiqu'elle porte ton nom, et qui t'est assurément autant étrangère, car je ne te connais lié avec aucune Forguerolle, nom en l'air que nous avons pris au hasard.

—Niais de première classe, reprit Roquevel, qui ne devine pas au-delà de l'enveloppe. Se peut-il qu'un homme d'esprit comme toi, tu l'es pourtant, n'ait pas deviné du premier coup à qui cette lettre est destinée réellement.

— A toi, peut-être, penses-tu?

— Oui, à moi, cruche que je te nomme, à moi et non à nul autre. De quelle femme de ce nom d'emprunt pourrait-il être question... d'aucune... La pauvre femme, en quittant Carcassonne, en abandonnant le monde, a pris congé de ton serviteur, et je vais sans plus de retard te prouver que j'ai eu le nez fin et que toi...

— Allons, seigneur, trêve d'invectives. J'avoue que tu dois avoir raison, mais sois plus modeste dans ton triomphe, et ne m'accable point tant de ta supériorité.

— Est-ce que je le pense!...

— Voyons, brise l'enveloppe.

La chose eut lieu, et celui qui tenait la lettre lut à haute voix son contenu.

« MONSIEUR,

« Je ne doute pas que vous n'ouvriez cette « lettre qui vous est adressée réellement, car « vous comprendrez qu'en employant le nom « d'une dame de Forguerolles, c'est à vous « uniquement que j'écrivais. Quand vous quitterez Carcassonne, ma résolution sera prise « à l'avance de sortir de ce monde pour ne « plus y rentrer; aussi, le lendemain de votre départ, je fuirai ma ville natale. Il est à « Toulouse des monastères de mon sexe où « l'on mène une vie douce, retirée, affranchie « de tous soins extérieurs. Je dois vous dire « ce qui m'a déterminée à cette démarche. « Avant-hier, à l'heure où la fatale vision qui « me tourmentait avait la coutume de m'appa-

« raître, j'ai vu entrer dans ma chambre un « vieillard vénérable, vêtu en moine de l'an« cien temps. Il m'a fait connaître quel enne« mi infâme me poursuivait, et comment vous« même tomberiez peut-être dans les piéges « nombreux qu'il vous tendra. Pour moi, je « ne peux me sauver qu'en consacrant ma vie « à la vie monastique : là seulement je serai « heureuse et tranquille. J'ai fait en sa pré« sence le serment d'accepter la nouvelle exis« tence qu'il me propose. Eh bien! le croi« riez-vous? dans ce moment il m'a semblé que « j'entrais dans une nouvelle carrière ; je me « suis sentie paisible, sans terreurs surtout ; « et dès cette résolution arrêtée, mon nou« veau guide a promis que je ne serais plus « tourmentée par mon ennemi secret et mys« térieux. En effet, la nuit est venue, et l'ap« parition, moins douloureuse depuis que « vous aviez su la dominer, a cessé de se

« montrer, je suis libre... libre d'elle; mon « bonheur est grand, ma reconnaissance ne « s'est pas moins étendue; ce bon moine, qui « n'a pas voulu se faire connaître, m'a pro- « mis de vous protéger. Je lui ai avoué sans « honte et sans remords le sentiment de pré- « férence que vous aviez su m'inspirer. Je « n'avais pas à en rougir, puisqu'il devait ame- « ner une union légitime.

« Renoncez à celle-ci, j'y renonce pour me « donner à un autre époux; celui-là vous « est si supérieur, qu'il ne vous inspirera ni « mécontentement, ni faiblesse. Je vous rends « les promesses de mari que vous me fîtes; « et ne pouvant plus être votre femme, croyez « que je serai toujours votre amie. Quant à « vous, prenez garde à l'avenir. Pourquoi « ne m'imiteriez-vous pas? Sortez du monde, « cherchez la solitude, Dieu suffit à remplir « un cœur, et l'amour qu'on a pour lui pro-

« cure un contentement dont la tendresse « humaine ne donne aucune idée. Oui, mon- « sieur, imitez-moi, et le bonheur, que vous « cherchez en vain, vous le rencontrerez sur « cet voie.

« Adieu, adieu ; je n'appartiens déjà plus « à la terre et désormais toutes mes pensées « appartiendront à mon divin époux... »

La signature et la date suivaient cette dernière phrase, et clôturaient une lettre qui ne renfermait aucune indication du couvent où madame la vicomtesse de Norevelle allait se retirer. Quand des deux amis, l'un eut achevé de lire et l'autre d'écouter, le premier (Roquevel) s'écria avec autant de mécontentement que de dépit :

— Que te semble de cette épître, Damatien? cette femme ne m'a jamais aimé. Quelle froideur dans son style! Quoi? pas le moindre regret du passé! l'expression d'aucune crainte pour l'avenir!

— Te convient-il de te plaindre? lui fut-il répondu. Depuis que tu l'as quittée, t'es-tu occupé d'elle uniquement?

— Ma foi, non.

— As-tu toujours parlé d'elle?

— Oh! très peu, j'en conviens.

— Alors, pourquoi lui en veux-tu d'avoir pris son parti aussi vite.

— Parce que nous sommes toujours piqués d'être abandonnés les premiers; la honte dans le monde est attachée à celui qui manque de mérite et qui ne sait ni retenir, ni conserver un amour.

— J'entends; l'amour tel que tu le dépeins est de l'égoïsme... Oui, mon très cher, et pas autre chose; on veut être aimé pour soi, pour les profit, l'honneur, le plaisir que cela rapporte; et en conséquence de cette manière de voir, on serait charmé d'être, si l'on est homme, adoré d'une douzaine de femmes nobles, belles, riches, et à la mode surtout; car cette passion s'attache toujours de préférence aux femmes sur lesquelles la foule porte un œil d'envie. Que, par exemple, une duchesse vienne à nous aimer, eh bien! le plus honnêment possible, on s'arrangera de manière à rendre toute la France témoin de sa passion. Mais, en revanche, si une jeune et jolie grisette ressent pour nous une affection désordonnée, oh! comme on cherche à la cacher, à la dérober aux yeux de tous! Comme on rougira, on se dépitera d'une manifestation passionnée qui nous viendra d'elle... d'elle pourtant naïve, belle, charmante, mais qui sort d'une classe qu'on n'ose pas avouer, ainsi donc presque toujours l'amour n'a de la chaleur et une expansion soutenue qu'autant que l'objet aimé obtient de considération, d'admiration, de respect même de la foule; son rang sert de degré au thermomètre de notre cœur.

Le besoin de se coucher et du repos pût seul terminer cette conversation que la vanité mécontente de l'amant délaissé ne reprit pas le lendemain. Quelques jours s'écoulèrent; une société bien choisie rendit agréable le château qui la réunissait; on jouait peu, on causait beaucoup, on lisait nos meilleurs auteurs du grand siècle; et, pour en mieux apprécier le mérite, on prenait immédialement après chacun une œuvre moderne du même genre, que l'on appelait en riant la parodie de l'autre. En effet, qu'on se figure *Éloa,* mis en parallèle avec le *Lutrin; Andromaque,* avec *Charles VII chez ses grands vassaux;* l'*Ode à la Fortune,* de Jean-Baptiste Rousseau, et la nomenclature rimée de toutes sortes de vaisseaux et de barques dont M. Hugo a donné une si pauvre copie dans je ne sais quelle ballade de sa façon ; et les *Provinciales*, des œuvres de M. Guizot; *Zaïde*, à côté des *Mémoires du Diable*, etc.

Sept jours s'étaient écoulés depuis que les deux amis habitaient Tellières ; encore quelques heures, et le neuvième révolu serait complété depuis l'instant où la main de Damatien avait frappé sir Olivier Hamesltonn. Ce soir-là une cause peu importante avait interrompu les bonnes veillées précédentes ; minuit sonnait à l'horloge du château lorsque le marquis de Montare et le vicomte de Roquevel rentrèrent seuls dans leur chambre commune; une hallucination bizarre les atteignait l'un et l'autre en cet instant; aucun n'osait la faire connaître : c'était que ce timbre, auquel ils étaient déjà accoutumé, leur semblait alors avoir le son lugubre et solennel de cette horloge mystérieuse qui, dans le château ruiné de Saissac, n'avait néanmoins sonné pour eux que les heures annonçant une appariton surnaturelle ; c'était ce coup aigre et sonore tout ensemble, sec et retentissant, dont la vibration extraordinaire préparait à quelque événement singuliers et hors de la nature : aussi leur cœur battait avec une force extrême. Eux, sans se rien dire, s'adossèrent à la cheminée ; leurs regards parcoururent l'étendue et semblaient se préparer à une prochaine vision.

A ce moment, ils ouïrent le bruit presque nul d'une marche lente et solennelle. Bientôt on parut se rapprocher d'eux, et un cri aigü partit du milieu de la chambre ; les yeux d'Alfred et de Damatien se portèrent vers ce point. Alors ils virent une feuille du parquet de bois s'enfoncer d'abord d'environ six pouces, puis s'arrêter et demeurer comme immobile, ensuite elle joua en disparaissant par côté et dans l'espace creux et noir que l'on vît à sa place, on put également distinguer les premières marches d'un escalier en pierres,

Pendant que sans se rien dire les deux spectateurs examinaient une particularité aussi remarquable, une lumière rougeâtre s'éleva de la profondeur ; elle éclaira une tête humaine que l'on vit la première, et que portait le reste d'un corps à l'avenant, vêtu d'une robe monastique, en un mot un révérend père bénédictin, tenant de la main droite une baguette à cercles d'ébène et d'ivoire dont un diamant et un rubis formaient les deux pointes, et de la gauche une lampe antique d'or, extraite sans doute d'un tombeau étrusque ou romain. Ce religieux montait les degrés au nombre inconnu. Il n'atteignit pas de ses pieds la marche la plus haute, si bien qu'on ne le voyait que jusqu'aux genoux.

Roquevel à sa vue, se ressouvenant de la lettre qu'il venait de lire, s'écria :

— Est-ce donc le moine dont a parlé la vicomtesse de Norevelle ?

— Oui, ajouta Damatien, c'est Arn.... ; et ici croyant en dire trop, il hésita, et n'osa pas prononcer le reste du nom. Mais celui dont il redoutait le mécontentement achevant, dit :

« C'est Arnould le pénitent, le leude de Saissac, celui qui vous veut heureux ensemble et qui pour cela vient vous chercher.

— Non, reprit Roquevel, celui-là n'est pas l'*Homme de la Nuit !*

— Le mauvais ? Tu as raison, car toi tu connais le méchant qui vous poursuit, mais tu crois ne l'avoir vu que sous une forme, et pour te perdre il en a revêtu une moins redoutable en apparence, et sous laquelle il a bien cherché à te faire du mal.

— Quoi, sir Olivier ?

— Il se trompe encore, dit le moine, répentant en s'adressant à Damatien ; il prend l'agent pour le maître, mais son erreur ne se prolongera guère plus, Le moment décisif approche. Voulez-vous l'un et l'autre me suivre? je vous propose de vous faire voir un spectacle si étrange... Oserez-vous m'accompagner, et me jurez-vous de m'obéir en toute chose?

— Je m'y engage, répondit vivement le marquis. Vous n'avez fait que du bien encore à mon ami et à moi, et j'aurais tort.

— Et moi, dit Roquevel, en interrompant son compagnon d'aventures, je ne dédirai jamais Damatien, et par mon avenir de chrétien, je vous jure de me soumettre uniquement à tout ce qu'il vous plaira de m'intimer.

— Eh bien, venez donc, suivez-moi.

— Faut-il appeler nos gens, faut-il prendre des armes?

— Pourquoi faire : n'avez-vous pas au col et au doigt, les meilleures pour vaincre les ennemis que nous allons combattre.

— N'y en aura-t-il donc pas de semblables

en nous; qui sait ce que l'on peut rencontrer.

— Voilà les hommes, répondit le moine avec un fier sourire; c'est sur eux qu'ils comptent, sur leurs faibles moyens de défense; ils ne pensent pas que ceux que Dieu garde sont bien gardés. Prenez donc ce que vous voudrez; mais souvenez-vous que tentant la Providence, elle vous fera courir peut-être des périls qu'elle n'aurait pas semés sous vos pas.

Les Parisiens, sans se rendre au conseil de précaution caché sous ces dernières paroles, fûrent vite à leur arsenal portatif. Chacun d'eux se munit d'un sabre, un poignard et de deux paires de pistolets doubles qu'ils cachèrent artistement dans leur redingotte de voyage, où des poches mystérieuses avaient été mises à cet effet. Cependant le vénérable Arnould demeurant immobile, les regardait agir sans laisser rien paraître sur ses traits impassibles des sentimentsintimes qui l'occupaient. Lorsqu'enfin Damatien et Alfred se tournèrent vers lui, il descendit l'escalier qu'il leur avait découvert; et par cette simple action, sans y joindre une invitation verbale, leur apprit qu'ils devaient le suivre partout où il lui plairait d'aller. Eux ne balancèrent pas à l'imiter; et aussitôt que le marquis, posté à l'arrière-garde, eut sa tête à deux pieds environ au-dessous du niveau de la chambre qu'il quittait avec Roquevel, la feuille du parquet mue par un ressort qu'il ne vit pas jouer de nouveau, remonta, reprit sa place, et sans doute dans le château qu'ils abandonnaient on perdit aussi dès-lors la trace de leur enlèvement ou de leur départ volontaire.

XXI

Dans un premier mouvement, dans celui si commun aux hommes lorsqu'ils sont vertueux surtout et qui les entraîne presque toujours sans leur laisser le loisir de se consulter, les deux amis avaient suivi leur mystérieux guide. Que leur voulait-il, où allait-il les mener, quel but le dirigeait lui-même? Telles furent les questions mentales qu'ils s'adressèrent chacun de leur côté sans oser les communiquer au fantôme; car, quel autre nom donner à un conducteur si singulier?

Mais lui lisait peut-être au plus profond de leur âme. A peine eurent-ils songé à ces choses, que celui qui les précédait s'arrêta spontanément et les contraignit à faire de mêmc. Alors il se retourna vers eux, et posant sur une pierre en saillie qu'il trouva tout auprès de lui la lampe d'or dont ils se servait pour éclairer la marche de ces deux jeunes voyageurs :

— Si vous eussiez hésité à venir à mon premier appel, si la moindre méfiance vous eut mis en garde de mes paroles ou de mes actes, je vous aurais abandonné sur-le-champ et pour toujours ; mais comme vous n'avez pas balancé dans votre obéissance, je ferai pour vous ce que j'ai fait pour une noble dame ; je vous sauverai des pièges qui vous sont tendus et des périls que vous courez, non que je veuille vous amener à finir la vie comme elle a fait, une autre carrière vous est ouverte, une autre fortune vous attend, mais rien n'est fait encore; et si vous voulez tout accomplir, il faut vous soumettre entièrement à toutes mes volontés.

—Nous ne sommes pas venus ici pour vous rien contester, répondit Roquevel, et qui que vous soyez, comptez sur notre obéissance, mais pouvons-nous vous demander où nous allons?

— Votre mission est périlleuse : il s'agit de combattre avec la mort et de lui arracher la vie.

— Nous ne vous comprenons pas.

— Un peu plus tard je parlerai plus clairement, et me rendrai plus intelligible; cependant poursuivons notre route, elle va devenir pénible sans être dangereuse; on pourrait la fournir autrement, mais pour entrer dans cette voie il me faudrait vous bander les yeux, et j'y répugne, attendu que vous êtes de nobles natures.

— Bander les yeux, répéta involontairement Damatien.

— J'ai compris votre répugnance, et je vais tâcher de faire en sorte que cet acte ne soit pas nécessaire, du moins encore. Écoutez-moi, conformez-vous mot à mot à ce que je vais vous dire : j'éteindrai cette lampe ; alors nous nous trouverons dans des ténèbres absolues. Le souterrain où nous sommes, vous pouvez le voir ici, est bordé, et le sera aussi longtemps que nous aurons à le parcourir, bordé des deux côtés, tantôt de murailles, de roche, de granit, de marbre, de quartz, de minerai, ou de différentes sortes de terre qui le ferment depuis le plancher à la voûte ; parfois, néanmoins, des accidents du terrain, des éboulements naturels, des fissures ouvertes par la même cause, des lits de courants aqueux ont interrompu ce rempart et laissé béant des espaces considérables par leur étendue. Eh bien, ici, un parapet s'élève à quatre pieds du sol, il n'y a donc aucun péril à craindre, aucun gouffre où vous puissiez tomber inopinément, tant que par votre propre volonté vous n'enjamberez pas la barrière qui vous séparera d'un trépas positif; je passerai devant vous deux : avant d'avoir à craindre pour vous, ma perte vous aura appris ce qu'il y a de périlleux; mais, je vous le répète, tant que vous ne chercherez pas votre perte, elle n'aura pas lieu. Ne vous étonnez point, ne vous effrayez de ce que vous pourrez voir ou entendre; comptez en Dieu, c'est le meilleur aide, et croyez que moi, qu'il dirige, ne vous manquerai que lorsqu'il y aura de votre faute. Maintenant, et pour en finir, choisissez du bandeau ou de l'absence de la lumière.

Pour toute réponse, les deux amis soufflèrent instantanément sur la flamme de la lampe et éteignirent sa faible clarté.

— Bien, dit Arnould, je compte sur une fin heureuse : marquis de Montare étendez la main et prenez la lampe antique, conservez-là comme un souvenir de votre voyage souterrain ; ne craignez pas de vous salir : retirée d'un sépulcre antique, et formée par un procédé perdu, elle brûlait sans huile ; touchez-là, elle n'est ni humide, ni gluante.

— Elle n'est qu'un peu échauffée encore, repartit Damatien... Alfred, elle est à nous deux, chacun la gardera pendant une année?..

— Et je veux qu'on l'ensevelisse avec celui de nous qui aura le malheur de survivre à l'autre.

— Soit, ami.

— Et moi je me charge d'accomplir votre

volonté. J'ai encore mille ans à souffrir sur cette terre, répondit leur guide.

— Vous devez avoir vu nombre de faits curieux?

— Oui, je pourrais écrire des mémoires assez piquants.

— Les mémoires d'un revenant, dit Damatien à demi-voix.

— Pourquoi pas ? après ceux de la mort ou du diable.

Ils se remirent à cheminer sans y voir aucunement. Le guide allait le premier, puis Montare et Roquevel suivaient sur la même ligne, se donnant le bras; d'un côté et de l'autre, malgré ce qu'on leur avait dit, sondant ou touchant le sol et les rochers avec le fourreau de leur sabre.

De temps en temps le double paravent qui les enfermait tombait soudainement, et une étendue d'air surgissait à sa place. dans ces espaces vides on entendait des cailloux se détacher du lit où ils étaient encore, une puissance supérieure les avait arrachés pour tomber de bonds en bonds dans des précipices effrayants; on rencontrait des endroits où l'abîme enfonçait si avant dans le globe, que leur chute, grâce aux échos nombreux et à la sonoréité de l'étendue, parvenait jusqu'à imiter le cliquetis d'un tonnerre épouvantable des montagnes; puis, peu à peu les sons diminuaient, décroissaient, s'assourdissaient, finissant par ne pouvoir plus arriver ou être portés jusqu'à l'oreille.

En d'autres circonstances, le clapottement qu'on entendait annonçait que le débris s'engloutissait dans un lac. Ici coulait avec un doux murmure un petit ruisseau aux ondes noires. Là bondissaient, avec un tumulte incessant, de rocs en rocs, d'aspérités en gouffres, une masse liquide et torrentueuse qui, sifflante, bouillonnante, échelevée, terrible dans sa course véloce, quoique inaperçue, signalait de tous les côtés un péril anonyme dont la présence était certaine, et que néanmoins on ne pouvait voir.

Des courants d'airs, des tourbillons de gaz jouaient à travers le passage et frappaient sur les joues des voyageurs qu'ils raffraîchissaient de cette chaleur interne que l'épouvante physique amène quelquefois.

Mais des phénomènes plus étranges frappèrent tour à tour le couple courageux et confiant, parce qu'il croyait; dans une de ces solutions de continuité que présentait souvent la muraille principale, les yeux de Roquevel et de Montare accoutumés assez aux ténèbres les plus denses, et parmi lesquelles ils semblaient voir des corps étrangers, aperçurent, à une distance que l'impossibilité de mesures en perspective leur fit paraître incomensurable, une clarté incertaine, vague, faible, que d'abord ils prirent pour une ombre moins consistante. Puis à mesure que la chaussée qu'ils suivaient s'enfonçait dans la terre, cette lueur s'accrut, grandît, se développa enfin, et lorsqu'elle se rapprocha assez près d'eux pour qu'il leur fut possible de bien voir l'ensemble et les détails de cette merveille, combien fut grande leur stupéfaction.

Ils virent là-bas! là-bas! aussi loin, ont-ils prétendu depuis, qu'il peut y avoir d'espace entre la terre et le nuage le plus éloigné d'elle, une étendue embrâsée, pareille à un océan gigantesque; c'étaient des flammes éblouissantes de toute couleur et de toute dimension; des éclairs colossaux qui partaient d'une matière liquide en fusion continuelle, sans fumée aucune, et dont les impuretés, les scories, brillantes néanmoins; que dis-je, étincelantes et chassées par la force centrifuge vers l'écorce extérieure de la terre, y montaient d'abord en colonnes qui, par sa ductibilité s'insinuaient dans des fissures, des crevasses, des sillons, en rameaux ténués, en filons limpides : c'étaient les éléments premiers de l'or, de l'argent; des métaux précieux, des diamants, et de ces pierreries scintillantes qui font croire que dans le grand cataclysme du déluge, des parcelles d'étoiles ont été brisées et ensevelies dans les terres et dans les sables.

Ces brâsiers, fragments sans doute du feu central, servaient, au moyen de la vapeur, à l'alimentation des mines. Ils procuraient le degré de chaleur nécessaire à ces amalgames de substances minérales et diverses qui saturent les eaux médicinales et leur donnent leurs propriétés merveilleuses. Là chauffent, à une chaleur constamment unifiorme, ces sources bouillantes ou ceux qui s'y baignent recouvrent la vie et la santé; là encore correspondent les soupiraux secrets des volcans, ces cheminées colossales construites par la nature, ou plutôt par la main éternelle, afin de fournir au feu central cet air extérieur, indispensable à sa durée, car peut-être s'éteindrait-il lorsqu'il aurait si facilement dévoré les gaz qui l'alimentent.

La beauté de ce spectacle et une foule d'autres prodiges qui s'offraient de toutes parts, l'avide curiosité des deux amis ne leur permit pas de préciser la route qu'on leur fesait faire, ni vers quel lieu on les ramenait. Cependant ils virent tout à coup leur conducteur s'arrêter, demeurer immobile comme s'il écoutait quelque bruit lointain sur lequel il devait se régler; peu d'instants après il se retourna vers ceux qui le suivaient, et leur dit de mettre dorénavant une prudence extrême dans leurs démarches subséquentes.

— Je vais vous quitter, poursuivit-il, je ne

peux guère vous protéger dans le lieu où nous sommes, mais votre bravoure, votre confiance en Dieu, la réserve que je vous recommande vous serviront mieux encore que mon concours. J'ai dû vous ramener en un lieu où votre ennemi gouverne; faites bien attention à ce qu'il ne vous prenne pas au dépourvu, et surtout empêchez par tous les moyens de force, d'adresse ou de puissance qui sont en votre possession, que la vie puisse être rendue une cinquième fois à celui si redoutable et si méchant. Faites neuf pas, et comptez-les, puis vous tournant sur la gauche, cherchez l'escalier qui est de ce côté : lorsqu'il vous aura retiré des entrailles de la terre, demeurez dans le lieu où il vous amènera jusques au moment où votre prudence croira qu'il est nécessaire d'en sortir et d'agir... Alors peut-être me reverrez-vous... Adieu.

Leur guide achevait à peine son dernier

mot, qu'ils cessèrent de le toucher... Il avait disparu... Pour mieux s'en assurer, ils l'appelèrent à plusieurs reprises : il ne répondit pas, il les avait réellement abandonnés. Ni l'un ni l'autre, dans cette conjecture, ne se communiquèrent leurs réflexions ; ils demeurèrent incertains pendant un peu de temps de ce qu'ils auraient à faire, puis d'un accord commun, ils s'avancèrent résolument en étendant leur sabre en avant, en interrogeant le sol et l'espace dans son obscurité non interrompue, et se mirent sur la même ligne à avancer, comptant neuf pas avec une attention scrupuleuse.

Arrivés au dernier, ils s'arrêtèrent, et se ressouvenant de ce qui leur avait été dit, ils se tournèrent vers la gauche, et tâtant le terrain, tardèrent peu à reconnaître qu'on ne les avait pas induits en erreur... Un escalier en effet était là, car le fer de leur arme retentit sur le marbre des marches supérieures, mais il était si étroit qu'on ne pouvait y monter de front. Chacun voulait par dévouement passer le premier; Roquevel proposait de tirer au sort, afin de fixer celui qui s'exposerait en évitant à son camarade un péril inconnu, mais Damatien le poussant à demi, l'écarta un peu de l'ouverture, et il s'y glissa légèrement, décidant la question par cette surprise.

Comme il avait sans plus tardé escaladé plusieurs degrés, force fut donc à Roquevel de ne plus s'exposer à ce qu'il qualifia d'usurpation manifeste et de ravissement fait au droit d'un ami.

L'escalier était haut et aux marches raides; Alfred, dans son dépit, au lieu de soutenir la conversation, se mit à les compter; ils en avaient déjà franchi neuf cent-soixante et dix-neuf, non sans s'être reposés sur plusieurs, lorsqu'il leur sembla qu'une lueur légère pointait dans cette obscurité dense, au milieu de laquelle ils cheminaient depuis long-temps. A cette vue qui leur annonçait leur retour vers la terre, tous deux s'embrassèrent comme s'ils eussent échappé aux périls qu'ils redoutaient, lorsque par le fait ces périls au contraire ne faisaient que de commencer maintenant.

Lorsque leurs yeux trop accoutumés à demeurer ouverts sans voir, grâce à l'ombre épaisse qui les avait aveuglés, se furent réhabitués à cette clarté nouvelle, ils commencèrent à distinguer et à reconnaître les lieux où ils se trouvaient et les objets qui les garnissaient; une sorte de fenêtre ouverte à hauteur d'appui leur permettait de voir l'intérieur d'une chambre vaste, toute lambrissée et doublée de planches de liége et de chêne, et parquetée également; le plafond formé de voûtes surbaissées et d'arêtes gothiques, annonçait l'étage inférieur d'une tour qui devait être là, à plusieurs toises au-dessus du sol de la terre; ce qui achevait de le prouver était une fenêtre carrée grillée d'épais barreaux, et élevée à la naissance de la voûte, et à trente pieds environ au-dessus du plancher inférieur.

La chambre, car on y voyait un lit, était chauffée par une immense cheminée ornée de sculptures, de festons, de guirlandes et d'enroulements sur le manteau, soutenu par quatre caryatides, de taille demesurée, représentant des géants et des satyres colossaux; aussi le marquis et Roquevel reconnurent le blason des Roquecourbe.

— Sommes-nous rentrés dans *Castelfée*, se demandèrent-ils; est-ce possible, la distance que nous avons franchie dernièrement entre ce château et celui de Tellières m'a parue beaucoup plus longue que celle-ci.

— Regarde donc, vois ce lit?

— Eh bien, quelqu'un y repose!

— Tout habillé?

— Il se lève.

— Ah!..... Mais c'est le comte de Roquecourbe?

— Vraiment oui, en personne...

— Qu'est-ce que cela signifie; quoi! le maître du logis en robe de chambre et retiré dans cette salle souterraine... Je ne devine pas pourquoi.

— Appelons-le?

— Gardons-nous de le faire, dit Damatien.

— Pourquoi?

— Vois en dehors de la fenêtre quel homme nous fait signe de nous maintenir dans un profond silence.

— Oui, notre guide... c'est lui, bien lui, je le reconnais; mais là le comte! là... je me perds dans mes conjectures.

L'escalier montait encore, et les deux aventuriers voyant que le châtelain poursuivait son sommeil, recommencèrent leur ascension. L'espace cependant s'élargissait, et Roquevel impatient de reprendre la place que son ami lui avait enlevée, s'empressa de se mettre à ses côtés, et lui signifia que dorénavant ce serait à son tour de braver les dangers quelconques.

Enfin ils parvinrent à une trappe de bois qui leur fermait le passage, bien que les degrés s'élevassent jusqu'à son niveau; ils cherchèrent à la faire jouer afin qu'elle leur livrât passage. Leurs efforts furent d'abord impuissants, mais après plusieurs tentatives, ils rencontrèrent le ressort, le firent jouer, la trappe s'écarta, et ils la dépassèrent rapidement.

XXII

Ce couple intrépide avait enfin quitté les entrailles de la terre, et se retrouvait à la hauteur du sol et au rez-de-chaussée d'une tour éclairée singulièrement par une seule fenêtre ouverte à la naissance de la voûte, et à laquelle on parvenait par un escalier étroit et massif conduisant à une petite plate-forme où deux chaises, une table de médiocre grandeur étaient placées; on pouvait s'y asseoir à l'aise et y travailler à deux; une balustrade en fer enceignait la plate-forme et descendait de marche en marche jusqu'au plancher. Ici on voyait également une porte qui donnait sur le préau de *Castelfée*, servant jadis de cimetière, et aujourd'hui à peu près abandonné : c'était là que devait être le cadavre de sir Olivier.

Le séjour que nos deux voyageurs venaient de faire dans des ténèbres prolongées avait donné à leurs yeux tant de susceptibilité, que déjà à l'étage inférieur ils avaient pris pour la lumière du jour la clarté véritablement abondante de la pleine lune. Ici ils en furent convaincus, lorsqu'au sortir de la trappe, ils montèrent ensemble, et l'un après l'autre, à la plate-forme dont je viens de parler, et qui leur parut le meilleur endroit où ils pussent examiner les alentours, et voir, sans être aperçus, la scène extraordinaire vers laquelle la

Providence les appelait comme témoins.

Ici, pour tout faire comprendre, j'ai besoin de décrire le théâtre où tout va se terminer peut-être.

Il était proche de minuit; or, pour que ce fût cette heure, il fallait que les deux amis eussent cheminé sans y avoir fait aucune attention pendant près d'une journée, ou qu'un sommeil échappé à leur observation, car ils ne s'en rappelaient pas, leur eût fait perdre une forte portion de leur temps. Il était donc près de minuit, le ciel était pur, les étoiles, nombreuses et brillantes, scintillaient à l'horizon; leur éclat, au contraire, faiblissait à mesure qu'elles approchaient du zénith, où, à cette heure favorable, montait la lune dans son plein et dans tout son éclat; pas un nuage, pas un souffle de vent ne troublait la tranquillité du ciel qui, grâce à la pureté de l'atmosphère, semblait une mante immense de velours noir splendidement brodée en paillettes variées d'or et d'argent.

Des murailles hautes en pierres et crenelées, soutenues d'abord par le terre-plein d'un large rempart dans toute leur étendue, et par des tours alternativement rondes et carrées, d'environ cent pieds de hauteur, la plupart découvertes; d'autres, celle du milieu, par exemple, aux quatre côtés et au coin, avait un toît pointu défendu contre la pluie par des tuiles de terre cuite et convexes placées sur le dos et sur les deux bords alternativement, de façon à empêcher la pluie de couler par-dessous, tandis que cet arrangement la contraignait à glisser dans des gouttières en ferblanc qui la déversaient dans des citernes en pierre représentant des monstres, d'où elle tombait à terre en cascade mystérieuse.

Le préau avait en carré environ cent pas : à un angle opposé à celui de la tour où se trouvaient les deux amis, on avait bâti une sorte de chapelle, fermée seulement de deux côtés par la muraille du rempart, et dont le toît s'appuyait en outre sur une colonne de marbre rouge aux proportions informes; ce qui laissait l'espace libre à droite et à gauche. Là s'élevait un autel grossier bâti en cailloux et mortier; on l'avait revêtu jadis de larges plaques de marbre noir, et les ornements étaient en marbre blanc; mais là aussi le temps avait marqué sa trace, les dalles étaient tombées en plusieurs endroits, et on voyait dans sa simplicité le béton qui servait de corps.

Un crucifix en plomb doré était le seul débris de la décoration de ce lieu; à droite et à gauche on avait entassé pêle-mêle, avec une profanation sacrilége, des ossements humains de toutes les parties de notre corps, des restes de bières brisées, vermoulues, et de hideux lambeaux de linceuls dont on ne se rappelait pas sans frémir la destination première.

En compensation de ce que présentait de ruiné et de hideux l'aspect de cet endroit qui conservait encore son nom primitif et sinistre, le Charnier, on remarquait la végétation vigoureuse de tout l'intérieur du préau. A peine quelques portions nouvellement fouillées et retournées, montueuses et marquées par une croix de bois noir, tachaient ce tapis naturel formé d'herbes diverses, de gazon et de plantes vivaces, le beau vert qui devait se faire admirer à la lumière du jour était alors remplacé par une nuane verdâtre et sombre, mais éclatante, soit par le vernis gommeux des végétaux, soit par le talc et le mica que ces plantes soulèvent.

En avant du Charnier, environ à la distance de cinq à six pas, on voyait une table de marbre noir posée sur une maçonnerie à plan incliné, ayant à peu près sept à huit pieds de longueur sur cinq de large. Le centre avait été creusé plus profondément au milieu d'environ trois pouces dans toute l'étendue, sur une largeur de dix-huit; c'était assez d'espace pour contenir un corps humain, et assez de pente pour que les portions acqueuses ou liquides des matières en dissolution pussent glisser rapidement et se perdre dans du sable, du terreau ou du son, suivant la prévoyance du sacristain.

Dans ce moment, et sur cette plaque de marbre noir presque entièrement cachée sous une draperie funèbre ornée encore des attributs du deuil et de la douleur, était couché le cadavre d'un homme entièrement nu; car on l'avait sacrilégement dépouillé de tout habit, de tout voile; il était, comme son piédestal, tourné en plein vers le midi; de telle sorte que ce même jour, et à l'instant précis où sonnaient, à la double horloge du château et de l'église, minuit, l'astre nocturne lançait droit ses rayons sur cette face immobile, et non encore rongée par l'éternel habitant du cercueil.

Ce corps défunt avait d'abord frappé les regards de Damatien et d'Alfred; l'un et l'autre, après l'avoir pendant long-temps examiné avec une attention muette, s'écrièrent simultanément.

— C'est sir Edgard, baronnet d'Hertfort... C'est sir Olivier, baronnet d'Hamelstonn... Ou plutôt, poursuivirent-ils en se tournant chacun vers son camarade, c'est le même... Oui, les deux n'en font qu'un.

Et ils se turent, terrifiés qu'ils étaient par cette incroyable découverte.

Oui, tous deux reconnaissaient l'homme auquel tour à tour ils avaient donné la mort, l'homme qui, sans vivre réellement, échappait au trépas par un prodige déjà renouvelé cinq fois, à en juger par le nombre des blessures que l'on pouvait compter maintenant.

Ce qui engageait Roquevel et Montare à comprimer, autant que possible, l'éclat de leur voix, c'était la vue des assistants venus à l'avance à une cérémonie mystérieuse. Non, le cadavre du vampire n'était pas abandonné de ses adhérents; au-dessus de lui, vers le haut de sa tête, et s'interposant entre la dalle et le défunt, les voyageurs aperçurent sans étonnement et avec dégoût le châtelain de *Castelfée*, le maître de céans; oui, le comte de Roquecourbe, non pas vêtu de la robe de chambre dans laquelle tout à l'heure ils l'avaient rencontré enveloppé et dormant sur le lit de la chambre basse, mais armé de toutes pièces, en costume de chevalier, tel qu'il était d'usage mille ans en-deçà; son infirmité corporelle, avait disparu. Le visage seul demeurait le même; on y lisait la malice humaine, la rage infernale fondues ensemble; un rire satanique errait sur ses lèvres, et il tenait dans ses mains, à gauche, une baguette constellée sans doute; à droite, une amphore antique de verre irisé qui contenait une liqueur à demi-coagulée, à demi-liquide, et de couleur roussâtre : on aurait dit du sang.

De chaque côté se tenaient immobiles aussi les quatre prétendues danseuses du théâtre de Montpellier, ayant chacune un costume différent; la première, vers la droite, apparaissait dans toute la magnificence adoptée par les femmes de ces leudes francs qui vinrent ravager les Gaules avant qu'ils en fissent la France leur patrie. Auprès d'elle était la seconde, habillée comme devait l'être une humble femme libre du temps de Charles-le-Chauve. La troisième rappelait, par la coupe de sa robe, de son voile et de sa guimpe, la nonne du quinzième siécle. Enfin, la dernière se montrait avec l'attirail auquel aurait présidé un petit maître de la cour de la Régence.

En arrière d'elles, mais sous l'habit monastique moderne, le front ceint de la guirlande de roses blanches, paraissait Catherine ou Jeannette; son front pâle et soucieux manifestait de l'horreur et de l'impatience que lui inspirait ce spectacle et sa propre présence dans ce lieu. Elle tenait ses mains jointes, elle baisait la terre, et semblait contempler méditativement par intervalle le crucifix en plomb du Charnier.

Tels étaient les premiers acteurs arrivés déjà sur le théâtre profane du préau de *Castelfée;* mais à chaque moment de nouveaux accouraient; soit, s'élevant de la terre, soit en fendant le vague de l'air : c'étaient des milliers d'êtres sans noms humains, sans formes connues; ces créations réalisées de l'imagination mortelle. Une flamme de toute couleur, un devidoir tournant toujours et chargé de cinq cierges, une bougie posée sur un plat étroit, sur une citrouille, et glissant en se balançant comme si une vague l'eût emportée; le charriot de la mort, brouette bretonne couverte d'un drap noir, à la croix blanche, et semée de larmes et d'ossements. Des étincelles pétillantes, des chevaux, des ânes difformes, des griffons, des hypogriffes, des malebêtes, des centaures selon toutes les variations possibles, de quadrupèdes, de poissons, d'insectes et d'oiseaux; les lemures qui n'ont qu'un pied, les nains gnômes, les serpents colosses, les boucs magiques, les esprits follets, tantôt petit mil, tantôt fusée volante; puis souffle errant enveloppé d'un ample manteau de taffetas, ou gonflant une majestueuse robe de moire.

Là encore venaient ces êtres inconnus recouverts d'un linceul funèbre, ces squelettes d'animaux, ces têtes de mort errant seules et parlant sans langue, sans glotte et sans poumons. Ces farfadets qui hantent les vieilles demeures; les goules qui déterrent les cadavres pour assouvir leur fétide faim, et les boucoulatres altérés sans cesse qui ont soif du sang humain; les trilby de l'Écosse, les fées de l'Irlande, les laveuses de la Bretagne, les kelpy des lacs, les démons des mines, les génies des montagnes; les tarasques, la guivre ailée, le cavalier noir des carrefours, l'homme rouge des campagnes, le géant des rochers du Nord, les marins du vaisseau hollandais, le géant Adamastor du cap de Bonne-Espérance. L'Éblis des Persans, l'Affrite, précurseur de l'antechrist, les monstres des visions d'Isaïe, d'Ézéchiel et de l'Apocalypse; les divs infernaux, les péris célestes de l'Inde, les fétiches malfaisants de l'Afrique, les filandières des grottes isolées, les fées du Languedoc, les bons cousins de la Normandie, le Pilate du Dauphiné et de la Suisse. Enfin ces mille apparitions toutes variées de noms, de caractères, de travail et de fantaisie, troupe innombrable, fantasque, diabolique, née de nos rêves, de notre imagination, de nos chagrins; elle accourait par régiments, par compagnies, par troupe, par bande, par escouade, par vol, de tous lieux et de toutes manières.

On aurait compté plutôt les grains de sable de la mer, ou les feuilles que sèchent les hivers de mille siècles, avant d'avoir approché du chiffre de ces fantômes-là; et néanmoins, grâce à l'effet d'un prodige encore plus extraordinaire ou d'une illusion sans seconde, cette foule tenait à l'aise dans le préau; à tel point, ils paraissaient minimes dans leur forme. Une seule comparaison pourrait ici être faite; on eût dit que les deux amis voyaient cette multitude au travers les verres d'une lunette acromatique renversée.

Un geste du châtelain accueillait chaque tourbillon des nouveaux venus ; un second geste marquait leur place, et tous obéissaient servilement. Les deux spectateurs de ce sabbat de nouvelle espèce négligeaient parfois d'examiner ce qui se passait au dehors ; et chacun, sans penser à son compagnon, se retournait pour examiner ce qui avait lieu dans la chambre où eux-mêmes se trouvaient dans ce moment.

Elle n'était, lorsqu'ils y pénétrèrent, éclairée que par les rayons de la lune ; et à la seconde fois qu'ils en inspectèrent d'un coup-d'œil le dedans, ils la virent avec surprise éclairée par une lampe à plusieurs becs, dont la lumière laissait apercevoir à l'intérieur le moindre objet. A la vue de cet autre prodige, et qui leur annonçait que l'on pensait à eux, ils portèrent spontanément leur main à la relique, puissante et protectrice qui, jusque-là, les avait si bien garantis de tout péril; et ce qu'elle faisait encore, car si l'enfer s'assemblait à si peu de distance d'eux, du moins les laissait-il encore libres dans l'enceinte de la tour où ils se trouvaient.

Après avoir reporté leur attention vers le spectacle intérieur qui se continuait sans cesse par la survenue de nouveaux acteurs, un bruit qui se fit à la trappe par où ils avaient pénétré dans ce lieu, les contraignit à y regarder une autre fois, ne sachant si le trop plein du dehors ne déborderait pas dans leur salle isolée. Leur crainte se dissipa sans peine, et leur assurance augmenta lorsque, par l'ouverture qui communiquait avec le souterrain, ils virent arriver successivement plusieurs personnes dont la présence ne leur annonçait rien de fâcheux.

Les deux premiers qui parurent furent Clare et ohn. Tous les deux, après avoir pris pied, se rangèrent des deux côtés de la trappe et semblèrent se porter là pour faire les honneurs du lieu à qui les suivraient. Ce furent d'abord leur guide, Regis Noran, qui salua, Damatien et Alfred, en homme impatient de les rejoindre. Il fut suivi par les soldats et autres honnêtes garçons qu'ils avaient pris à leur solde, et qui se groupant derrière les valets de chambre, laissèrent surgir des entrailles de la caverne les marquis de Thézan, de Bellac, le chevalier de Lenore et tous les convives des deux sexes qu'ils avaient quitté ce même jour ou la veille dans un château plus hospitalier que celui de *Casteljée*.

XXIII

Partagés entre la curiosité qui les portait à voir la suite de ce qui allait se passer dans le préau du château de Roquecourbe, et le sentiment de politesse qui portait les deux amis à se rapprocher du groupe de bonne compagnie qui venait à eux, Roquevel et Montare hésitèrent d'abord sur ce qu'ils devaient faire; mais ils étaient trop hommes du monde pour balancer long-temps : aussi descendirent-ils en s'exclamant sur la fortune heureuse qui les rapprochait ainsi...

— De ceux que néanmoins vous avez fui très volontairement, leur répondit une dame que l'on distinguait parmi les plus aimables.

— Ne nous accusez pas d'un tel crime, repartit Damatien ; ce ne n'est pas une fuite qui nous a éloigné de Tellières, mais l'ordre impérieux de monsieur, à qui nous ne devons pas désobéir, tant du moins que nous habiterons le Languedoc.

En parlant ainsi, le marquis de Montare désignait du doigt un nouveau-venu, le dernier de tous, le pénitent Arnould, qui, sous son vêtement monacal, arrivait à son tour par le passage souterrain.

— Voilà, poursuivit le même, notre guide, notre appui et l'homme sans doute qui va lever le voile posé depuis long-temps sur nos yeux.

Toute la compagnie, aux premiers mots, s'était retournée; MM. de Thézan, de Ballac et de Lenore, qui avaient déjà vu le bénédictin à *Castelfée,* ne manifestèrent aucune surprise; mais le reste de la compagnie, à qui il semblait inconnu, l'examina rapidement avec cette curiosité retenue qui est polie, et qui, accoutumée à juger d'après un coup-d'œil, ne le prolonge guère au-delà du délai qui lui suffit pour apprécier pleinement un homme.

—Monsieur est étranger à ce département? demanda néanmoins au pénitent Arnould la dame qui avait parlé tout à l'heure.

— Non, madame, répartit-il; lorsque j'étais du monde, j'appartenais à l'une de nos vieilles familles autoctones. Maintenant je ne sais trop que vous dire, car elle est prête à disparaître dans ses deux rejetons, l'ancien et le dernier, moi et monsieur.

Son geste, à son tour, désignait Damatien.

— Cependant, continua-t-il, notre maison peut renaître... Pour cela, il ne faut pas qu'un monstre reprenne la vie, et celui-là ne peut périr que de la main de mon jeune parent.

— De moi, monsieur? dit Damatien.

— Oui, de vous. Mais, prenez-y garde, il y a du péril à braver.

— Faites-le-moi connaître, je n'affirme pas d'en triompher; mais je ne reculerai pas devant lui, je vous assure.

— Et, pour ma part, s'écria impétueusement Roquevel à son tour, je déclare que désormais, en quelque endroit que Damatien aille, quel que soit le danger qu'il affronte, je le partagerai avec lui.

— Nous ne vous ferons pas faute non plus, dirent avec autant de vivacité Clare et John.

— Ces messieurs, ajouta à voix basse Regis Noran, ignorent le pays, et je ne vois pas pourquoi ils me refuseraient l'autorisati [illegible] les conduire, de marcher auprès d'eux, ou de les suivre enfin.

— Vous êtes de nobles cœurs, dit le marquis dont les yeux se remplirent de larmes, tandis qu'il s'adressait aux quatre prêts à se dévouer.

— Et nous dirent en chœur les enrôlés.

— Ces messieurs ne nous laisseront pas à garder leurs manteaux, ajouta le marquis de Thézan au nom du reste de ses hôtes.

— Tous ceux qui me comblent en me témoignant une aussi noble affection, répondit Damatien, ignorent que je suis un instrument soumis aux ordres d'Arnould le pénitent.

— D'Arnould le pénitent, s'écrièrent ensemble le curé de Saint-Paul, le comte de

Chalabre et le commandeur de Mauléon. Quoi! c'est lui!... lui encore!... lui!...

Et ces trois assistants se retournèrent spontanément vers celui qu'on désignait à tous, et le nommant d'une façon si directe, le reste de la compagnie fit du bénédictin l'objet de sa curiosité particulière.

— Vous voyez bien, messieurs, repartit le moine, que nul de vous ne retrouve en moi des traits qni sont, je présume, empreints dans votre tête, et que par conséquent le marquis de Montare vous induit involontairement en erreur, si celui qu'il a nommé vous a rendu service, pouvez-le lui en taisant vos rapports avec sa personne. Quant à moi, j'ai une mission expresse personnelle que je dois accomplir maintenant; il faut, pour cela, que monsieur de Montare me suive et qu'il prenne ici devant vous tous l'engagement sacré de m'obéir, n'importe quoique je lui commande, et bien que mon ordre soit peut-être en contradiction avec tous ses sentiments; qu'il y pense, qu'il y réfléchisse; ce que je lui intimerai sera en dehors de toutes ses idées d'honneur, de loyauté, de chevalerie peut-être. Mais enfin, qu'il se persuade que je ne parlerai qu'au nom du ciel, et par conséquent que toute action exécutée en vertu de ce que j'ordonnerai, sera sage, équitable et récompensée.

— J'ai trop fait, répliqua Damatien, pour m'arrêter aujourd'hui dans la route que vous m'avez ouverte; dites et j'agirai, je vous le promets; je m'y engage par cet honneur que je soumets à vos lumières, et par cette religion dont la croyance me sert maintenant, et plus que jamais à me décider au milieu des écueils nombreux qui entourent la route humaine.

— Il suffit, répliqua le moine; l'heure approche, prenez le déguisement, Damatien.

Et il lui présenta un vêtement complet aussi singulier que fantasque, parure mystérieuse que reconnut le marquis, et le rendait semblable, quoique très différent dans son originalité, à ces myriades de spectres, fantômes, esprits-follets, farfadets, divs, djin, etc., qui remplissaient le préau voisin.

— Et moi, demanda Roquevel tandis que son ami se passait, à l'aide de Clare, de John et de Noran, les diverses parties si extravagantes de sa mascarade, et moi, resterai-je loin de mon ami?

— Tu le suivras, répliqua le pénitent; seul avec Regis Noran, Clare et John, formons ensemble un groupe, pendant que le reste de la compagnie nous verra agir par cette croisée.

Déjà deux dames y étaient montées; on en avait retiré ce qui eût pris de la place, et une d'elles, avant de s'étonner de l'étrangeté du spectacle, s'écria :

— Mais, voyez donc, le comte de Roquecourbe en costume de guerre du temps de la chevalerie! Comment a-t-il pu faire pour se vêtir aussi lestement, lorsque tout à l'heure encore nous l'avons vu couché sur un lit et dormant.

— Nous l'y avons vu aussi, repartit Roquevel, sur ce même lit, et cependant il nous est apparu tout de suite au lieu où maintenant il se rencontre; mais si vous l'avez vu là-bas, et nous où il est depuis que nous sommes ici...

— Il est double, dit une voix inconnue... Chacun se retourna vivement, on se chercha, on se compta, ce fut inutilement; on ne retrouva pas qui venait de parler.

Damatien Roquevel, Regis, John et Clare, chacun caché sous une parure fantastique se rapprochèrent du bénédictin qui leur fit signe de le suivre. Il ouvrit la porte qui donnait sur le Préau, passa le premier et fit signe aux cinq autres de le suivre. Lui-même, et à l'instant précis où il franchissait le seuil, se trouva tout-à-coup dépouillé de sa robe monastique, bien qu'en la conservant il eût pu faire de lui la contre-partie du *Moine Bourru*, tant signalé dans les chroniques superstitieuses du moyen-âge. Ses suivants le virent sous le costume de la *Nonne Sanglante*, dont les apparitions sont si célèbres en Espagne et dans la ville de Ségovie.

Roquevel représentait la *Dame Blanche* des palais royaux de Prusse, Regis Noran était devenu le célèbre *joueur de flute de Nuremberg*, qui amenait en dansant les enfants de l'Allemagne dans une grotte perdue; Damatien rappelait par son costume la *fée Mélusine*, John était en *homme de mer* et Clare figurait le *Petit Homme Rouge* de Napoléon.

C'était pire que le tumulte du sabbat, la confusion effroyable au milieu de laquelle ces aventuriers se lançaient témérairement. Ces êtres si extraordinaires de figure, de forme, d'aspect, s'abandonnaient aux excès désordonnés d'une joie satanique ; la mer dans ses tempêtes, les airs, lorsque l'ouragan des Antilles les parcourent, sont mille fois moins agités; qu'il n'y avait en ce moment de désordre dans le Préau : c'était des danses, des courses, des jeux, des combats, un délire à ne pas s'y reconnaître; certes on n'y aurait pas entendu DIEU tonner. Une musique infernale s'y mariait horriblement aux cris, clameurs, hurleries, vociférations, râles, blasphèmes; on y entendait rire, pleurer, gronder, causer, rugir, beugler, mugir, sifler de toutes manières.

Cependant la lune pure et froide montait dans le ciel avec lenteur. Le comte de Roquecourbe au milieu de cette aglomération fantastique conservait seul un calme que rien ne pouvait vaincre; il élevait parfois sa baguette, parfois il murmurait d'atroces paroles auxquelles répondaient en refrains mystérieux les quatre femmes d'âges si différents dont il avait fait sacrilègement des danseuses. Ces créatures damnées sans doute dans leur temps, regardaient avec terreur et rage Catherine la déterrée, qui seule pleurait et priait à l'écart.

Les cinq mortels, seuls habitants réels de la terre, à mesure qu'ils cheminaient au milieu de cette confusion sans pareille, sentaient expirer leur courage et leur énergie. Tous serrés l'un contre l'autre, tous se groupant de sorte à ne pas se perdre, redoutant sur tout de se séparer, il avançaient lentement sous la conduite de la None Sanglante, fantôme craint même de ses semblables, qui néanmoins en la voyant paraître l'accueillaient par leurs épouvantables clameurs.

Déjà cette troupe valeureuse, et qui certes courait un péril réel si un pouvoir supérieur n'eut trompé tous ces enfants de l'abîme, avaient faits les deux tiers de leur course, lorsqu'un globe de feu violet en sa couleur luisit à l'horizon, et s'élévant rapidement à la voûte de l'air vint ajouter par sa lumière sanglante à la clarté plus douce de la lune. Peu après, un coup de tonnerre effrayant par ses éclats et sa durée imposa silence à la folle assemblée. Elle se tut tout entière à ce signal de la colère de son maître, et instantanément une voix à la fois ronflante, aigre, dure, saccadée se fit entendre et prononça ces mots, dont chacune des trois syllabes qui les composent alla frapper au cœur, en flèche aigüe, ceux qui les ouïrent débiter : IL EST TEMPS !!

Damatien et ses compagnons tressaillirent et souffrirent plus encore que tous les autres assistants à cette cérémonie ordinaire. Damatien et Roquevel ayant en ce moment regardé le comte de Roquecourbe virent ses traits s'effacer par degrés ct disparaître pour faire place à ceux qui leur laissèrent reconnaître le méchant Bozon, l'*Homme de la Nuit*; c'était ce réprouvé. Dès-lors, et à sa vue, ils s'expliquèrent tout ce qui leur était survenu de fâcheux, la cause unique des piéges tendus, des périls courrus et des malheurs à venir, encore à craindre.

Cependant une horloge semblable par le son à celle qui leur avait annoncé la première apparition de ce serviteur du diable sonna les douze coups de minuit. Comme le dernier tintait lugubrement dans l'espace, Bozon se pencha vers le cadavre du vampire engourdi, fit couler dans sa bouche et dans ses cinq blessures le sang contenu dans la fiole de verre qu'il tenait à sa main droite; la baguette de la gauche se dressa vers la lune; alors un rayon lumineux se détacha de cet astre, et en approchant de la terre se divisa en portions; une pénétra dans le corps par les yeux, la seconde par les oreilles, les deux autres par la bouche et le nez, et la cinquième par la dernière blessure que le pistolet de Damatien avait fait.

Peu après, le corps inanimé se colora ; un tressaillement presque imperceptible l'agita dans toutes ses parties, pendant que les témoins de ce miracle gardaient le silence, puis on vit le cadavre frissonner..., ses doigts jouèrent, ses bras gelés sur les flancs se soulevèrent avec lenteur..., puis le buste lui-même se dressa, les yeux s'ouvrirent...

Arnould le pénitent se penchant ici vers le marquis de Montare, lui dit le plus bas possible qu'il put :

— La vie entière va lui être rendue, et toute sa puissance, dès qu'il aura parlé. La main seule d'un homme peut lui arracher l'existence, et cette fois sans retour, mais s'il le manque, si le vampire parle, l'homme est perdu et le ressuscité prend sa place.

Arnould le pénitent n'avait pas achevé sa phrase que Damatien avait saisi son poignard, s'était élancé contre la dalle de marbre noir, et visant droit au sein de son ennemi en lui perçant le cœur, lui arrachait une autre fois la vie . . . .

. . . .

— Monsieur le marquis, dit Clare, en s'approchant du lit où Damatien se roulait, en-proie à une convulsion pénible, monsieur Roquevel est habillé, il veut partir... Maître Pinel avait raison...; le château de Saissac n'est pas livré au diable; nous y avons tous dormi, et pas un n'a été visité par l'*Homme de la Nuit*.

FIN.

Sceaux. — Impr. de E. Dépée.

A la même Librairie.

Nouvelles Publications en vente.

L'AMI DE LA MAISON

ROMAN ENTIÈREMENT INÉDIT

Par Maximilien PERRIN. 2 vol. in-8. prix net 10 fr.

LE GARDE MUNICIPAL

ROMAN GAI, ENTIÈREMENT INÉDIT

Par le même, 2 vol. in-8. prix net 10 fr.

LE DOMINO ROSE

ROMAN GAI, ENTIÈREMENT INÉDIT

par le même, 2 vol. in-8. prix net 10 fr.

LES PILULES DU DIABLE

ROMAN GAI, ENTIÈREMENT INÉDIT

Par le même, 2 vol. in-8. prix net 10 fr.

LE PROTECTEUR MYSTÉRIEUX

ROMAN ENTIÈREMENT INÉDIT

Par Hyp. B... une belle affiche, image, 2 vol. in-8. prix net 10 fr.

MÉDÉRIC

ROMAN ENTIÈMENT INÉDIT

Par Charles MARCHAL, une belle affiche, image, 2 v. in-8. p. net 10 fr.

LE LORD BOHÉMIEN

ROMAN ENTIÈREMENT INÉDIT Par Alfred DES-ESSARTS, auteur D'UNE PERLE DANS LA MER, 2 vol. in-8. prix net 10 fr.

Imprimerie de Pommeret et Guénot, rue Mignon, 2.

www.ingramcontent.com/pod-product-compliance
Lightning Source LLC
LaVergne TN
LVHW020559110826
845149LV00002B/312

9782011876133